C'EST FAUX !

SOUS LA DIRECTION DE
GUILLAUME LAMY

C'EST FAUX !

50 IDÉES

DÉCONSTRUITES
PAR DES SPÉCIALISTES

SEPTENTRION

Pour effectuer une recherche libre par mot-clé à l'intérieur de cet ouvrage,
rendez-vous sur notre site Internet au www.septentrion.qc.ca

Les éditions du Septentrion remercient le Conseil des Arts du Canada et la
Société de développement des entreprises culturelles du Québec (SODEC)
pour le soutien accordé à leur programme d'édition, ainsi que le
gouvernement du Québec pour son Programme de crédit d'impôt pour
l'édition de livres. Nous reconnaissons également l'aide financière du
gouvernement du Canada par l'entremise du Fonds du livre du Canada (FLC)
pour nos activités d'édition.

Révision : Solange Deschênes
Correction d'épreuves : Marie-Michèle Rheault

Si vous désirez être tenu au courant des publications
des ÉDITIONS DU SEPTENTRION
vous pouvez nous écrire par courrier,
par courriel à sept@septentrion.qc.ca,
par télécopieur au 418 527-4978
ou consulter notre catalogue sur Internet :
www.septentrion.qc.ca

© Les éditions du Septentrion   Diffusion au Canada :
1300, av. Maguire   Diffusion Dimedia
Québec (Québec)   539, boul. Lebeau
G1T 1Z3   Saint-Laurent (Québec)
                                       H4N 1S2

Dépôt légal :
Bibliothèque et Archives
nationales du Québec, 2012   Ventes en Europe :
ISBN papier : 978-2-89448-710-5   Distribution du Nouveau Monde
ISBN PDF : 978-2-89664-730-9   30, rue Gay-Lussac
ISBN EPUB : 978-2-89664-731-6   75005 Paris

Avant-propos

Dans une sorte de course vers l'horizon, le savoir se métamorphose. Au rythme des étapes qui jalonnent sa route, ces vieilles peaux qu'il laisse derrière lui représentent le lest qu'il a fallu abandonner pour éviter d'encombrer la science dans le parcours de son développement.

Deux processus complémentaires ont permis ces mutations qui donnent au monde savant le visage qu'il a aujourd'hui. Pendant que l'un de ceux-ci s'affairait à incorporer les découvertes qui se sont succédé, l'autre procédait à un travail de radiation de ce qui ne méritait plus le titre de connaissance. En explorant avant tout le deuxième volet de cette démarche, ce livre permet de rappeler que la culture savante s'est construite comme une accumulation édifiée par des siècles de tâtonnements qui compilent autant le génie, l'erreur que la fraude. Tout est archivé, parce qu'une culture digne de ce nom commande de se rappeler autant du vrai que du faux.

Plusieurs chercheurs ont consacré leur carrière à démolir des hypothèses. Même si leurs noms ne nous évoquent rien, nous sommes redevables autant à ces vérificateurs oubliés dans l'ombre qu'aux plus grandes figures de l'histoire qui baptisent désormais tant de rues et d'institutions. En réfutant des affirmations, on offre des trous à remplir. Le vide causé par la disparition d'une idée oblige à poser des questions. Une fois entraîné dans le mouvement de la recherche, un commerce bien profitable s'organise avec l'ignorance : le questionnement force la cohabitation avec toutes sortes d'incertitudes qui désorientent mais qui permettent au moins de sortir des rails de l'étroitesse d'esprit.

Le passage du temps et des générations supplante bien souvent la raison comme facteur d'actualisation de la pensée. Pourtant, cette conception cynique du développement des idées n'a pas à être une fatalité. L'endiguement de la propagation des idées reçues est aussi une responsabilité individuelle. Ce livre s'adresse donc à toute personne qui désire épurer l'état de ses connaissances. L'exercice étant nécessaire lorsqu'on rénove, les textes réunis ici attaquent parfois des briques, d'autres fois, des poutres. Son contenu, établi uniquement par des spécialistes de carrière, repère les mythes et les demi-vérités du discours contemporain tout en ayant le mérite de dévoiler les bases chambranlantes de plusieurs jugements admis sans plus de rigueur ou de preuve dans l'univers médiatique.

Cette présentation du livre serait pourtant fort incomplète si elle faisait l'économie du contexte auquel il tente de répondre. L'impératif de rentabilisation de l'information a accéléré une mutation de l'univers médiatique qui se faisait sentir depuis déjà quelques décennies. La convergence et la concentration des entreprises de ce secteur ayant pour effet de les dédoubler comme des clones, les commentateurs sont en voie de dominer le champ de l'information par supériorité numérique. En plus des fantassins de la chronique d'humeurs qui tapissent radio, imprimé, télévision et Internet, parmi eux sont apparus des mitrailleurs nouveaux genres, connus sous le nom d'*omnicommentateurs* ou de *toutologues*. L'immense complexité et l'abondance des sujets qu'ils scellent quotidiennement ne réussissent pas à inquiéter leurs certitudes instantanées. Leur méthode, éprouvée et déroutante d'efficacité, reste pourtant la même : gommer les nuances, escamoter les arguments allant dans le sens inverse et parler avec aplomb en soufflant leurs envolées verbales du ton de la vérité pure ; comme si un argument massue soutenait chaque segment de phrase.

Ces hurleurs finiront-ils par assourdir les saines discussions posées qui réussissent à se faire entendre de temps à autre dans le débat public ? La question se pose de plus en plus. La saturation approche bel et bien, autant à propos de l'espace qu'ils occupent que chez ceux qui se soucient de la qualité de l'information. En généralisant constamment à partir d'anecdotes et d'expériences personnelles, ces professionnels de l'opinion spectacle ne démontrent rien et se débarrassent du fardeau de la preuve pourtant si capital lorsqu'on tranche unilatéralement des sujets qui interpellent un partage des intelligences.

Une piste de réflexion ressort malgré tout au-dessus de la poussière des querelles d'ego et des polémiques stériles que ces usines à opinions traînent derrière elles... Et si la solution à la mésinformation n'était pas toujours d'accroître infiniment la diversité des opinions, mais de bonifier ce qui se dit? Donner la parole à ceux qui font le métier de chercher plutôt que de commenter : voici le pari de ce livre, qui le refusera?

Chaque idée reçue ayant été isolée selon sa formulation populaire, les diverses sections de ce livre se passent de présentation sans problème. Tous les auteurs de cet ouvrage collectif détiennent des compétences reconnues par leurs pairs et ont consacré de nombreuses années à se soumettre à des comités d'évaluation pour approuver leurs publications ainsi que le financement des recherches liées au sujet qu'ils ont retenu dans ces pages.

Évidemment, les spécialistes n'ont pas à monopoliser le débat démocratique. Cela n'équivaudrait à rien d'autre qu'un rapt de la discussion publique par une nouvelle classe d'aristocrates qui décideraient au nom de tous sans plus de légitimité. Pourtant, la démagogie de leur opposant ne débouche guère vers une meilleure destination lorsque des populistes instrumentalisent l'ignorance et le ressentiment en se fichant de la vérité au nom d'un peuple en colère. C'est entre ces deux périls que se dévoile l'enjeu le plus crucial qui nous concerne tous : ne renoncer ni à la démocratie ni aux faits ; même lorsqu'ils ont tendance à vouloir divorcer l'un de l'autre.

Tout projet politique méritoire passe par une appropriation de la connaissance par les citoyens, propriétaires de l'État, pour qu'ils en consacrent démocratiquement la légitimité. Pour cela, il y a la science, la recherche indépendante, l'enquête et le journalisme bien fait. Ces champs, lorsqu'ils sont soucieusement entretenus, correspondent à ces lieux privilégiés où il est possible de faire de la vérité une fin en soi. En profitant d'une indépendance instituée, ces professionnels du fait s'extirpent des longues structures hiérarchiques où tout le monde ne fait qu'obéir aux ordres sans pouvoir décider des questions à poser et des gestes à faire. Cela leur permet de passer outre les menaces protéiformes qui resserrent la liberté de la recherche ; qu'il s'agisse de condamnation morale, d'ingérence politique ou de chantage de la part des bailleurs de fonds qui ne pensent qu'à leur intérêt.

Ayant permis de transporter l'humanité là où elle se trouve aujourd'hui, la vérité peut aussi être vue comme une force qui a façonné le cours de l'histoire. Parents d'une civilisation, la démocratie et la vérité sont le couple souverain de notre destin collectif.

Quelle qu'en soit la raison, nier l'une au nom de l'autre ne fait qu'avorter la grandeur du produit de leur union. La vérité ne sert personne lorsqu'elle n'est contemplée que par des sages dans leur ghetto. La démocratie tourne à vide lorsqu'elle ne devient que le miroir d'une volonté populaire aveugle aux faits. La connaissance libère bien mieux que n'importe quelle idéologie. Elle devient le compas qui oriente le potentiel offert par les libertés politiques et permet une prise de possession de soi, une meilleure conscience de ses faiblesses et des risques ; surtout, elle impose l'humilité parce que toute connaissance fait partie d'un édifice qui rassemble des centaines de générations humaines qui se sont légué la culture en héritage depuis des siècles et des millénaires.

Voilà donc le projet d'un livre. Relier la pensée et l'action par le savoir. Guider la route par le fait.

GUILLAUME LAMY

Démographie

Guillaume Marois

Guillaume Marois est coauteur du livre *Le remède imaginaire. Pourquoi l'immigration ne sauvera pas le Québec* (Boréal, 2011). Il détient une maîtrise en démographie de l'Université de Montréal au terme de laquelle il a obtenu le prix Jacques-Henripin 2008 pour ses travaux sur la modélisation de l'effet démographique de l'immigration au Québec. Il poursuit actuellement un doctorat en démographie à l'Institut national de la recherche scientifique et il est récipiendaire de la bourse Joseph-Armand-Bombardier du Conseil de recherche en sciences humaines du Canada. Il se spécialise essentiellement sur les enjeux reliés à l'immigration au Québec.

Benoit Dubreuil

Benoît Dubreuil est coauteur du livre *Le remède imaginaire : pourquoi l'immigration ne sauvera pas le Québec* (Boréal, 2011). Détenteur d'un doctorat en philosophie de l'Université libre de Bruxelles et chercheur postdoctoral à l'Université du Québec à Montréal, il a publié les livres *Jon Elster : rationalité et sciences sociales* (avec C. Nadeau, Michalon, 2011), *Human Evolution and the Origins of Hierarchies : The state of nature* (Cambridge University Press, 2010), *Introduction à la science politique : idées concepts et régimes* (avec D. Anctil, CEC Éditions, 2008), de même qu'une vingtaine d'articles scientifiques et de chapitres de livre.

1. « Le Québec est l'une des sociétés les plus vieilles en Occident »

Le vieillissement démographique est un processus qui survient lorsque l'âge moyen d'une société augmente (c'est-à-dire lorsque la structure par âge de cette société vieillit). Il s'agit d'un phénomène inexorable pour toute société qui a connu une diminution de la fécondité ou de la mortalité ou des deux. Ce n'est donc pas tant le fait d'avoir une fécondité faible qui cause le vieillissement de la population, mais plutôt le fait de passer d'une fécondité élevée à une fécondité basse, faisant ainsi diminuer la proportion d'enfants au sein de la population. Par exemple, une société X dont la fécondité passe de 6 à 5 enfants par femme connaîtra un vieillissement démographique, même si son taux de fécondité demeure très élevé. À l'inverse, une société Y dont la fécondité est stable à 1 enfant par femme sur une longue période ne connaîtra pas de vieillissement démographique, mais l'âge moyen de sa population sera plus élevé que dans la société X.

Mais la fécondité n'est pas tout. Une société vieillira également si on y observe une diminution de la mortalité aux âges avancés. Le vieillissement démographique est donc étroitement lié au développement des sociétés. À quelques exceptions près, tous les pays de la planète connaissent, à divers degrés, un vieillissement de leur population. Le Québec n'est donc pas une exception. Une société qui vieillit n'est pas nécessairement « vieille ».

À l'échelle de la planète, la population du Québec est plus vieille que celle de la plupart des autres pays, mais se comparer avec des pays moins avancés n'est pas pertinent. En limitant la comparaison aux pays développés, le Québec se situe à un niveau intermédiaire en 2010 : il ne figure ni parmi les plus jeunes ni parmi les plus vieux.

La figure 1 présente une estimation de l'âge médian de la population du Québec et d'autres pays développés en 2010. Sur les 23 entités concernées, le Québec figure au 9e rang des plus âgés, avec un âge médian de 41,2 ans Cela le situe plus ou moins dans le milieu du peloton. En fait, la différence entre l'âge médian du 4e pays parmi les plus vieux (la Finlande) et du 17e (le Royaume-Uni) est assez faible (42 ans vs 39,9 ans). La situation est donc assez semblable pour la plupart des pays développés. Quelques exceptions existent tout de même. On

Figure 1

Âge médian de la population,
sélection de pays développés et Québec, 2010

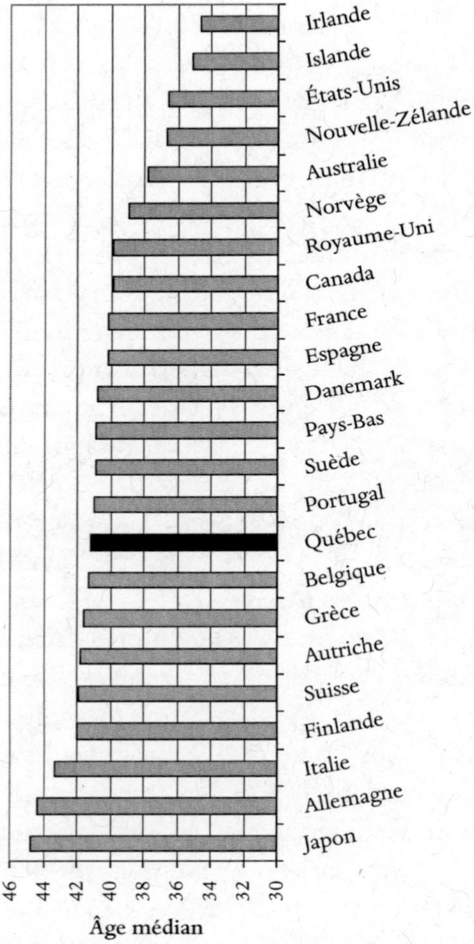

Âge médian

Source : pour le Québec : Statistique Canada, *Estimations démographiques*.
Pour les autres pays : Nations unies, *World Population Prospects*. http://
esa.un.org/unpd/wpp.

constate que le Japon est considérablement plus âgé que les autres (44,7 ans), alors que l'Irlande est plus jeune (34,6 ans). Le Québec ne figure cependant pas parmi ces exceptions.

La figure 2 présente un autre type d'indicateur permettant d'estimer le vieillissement d'une société : le rapport de dépendance démographique des personnes âgées, c'est-à-dire la proportion de personnes de 65 ans et plus sur la population en âge de travailler (15-64 ans). Ce type d'indicateur présente un intérêt particulier, car, lorsqu'il est question des défis engendrés par le vieillissement de la population, on pense surtout à la lourdeur croissante du fardeau fiscal engendré par les retraites et les soins de santé des personnes âgées, financés essentiellement par les travailleurs.

En 2010, avec un rapport de dépendance des personnes âgées de 22,2 %, le Québec figure parmi les sociétés les mieux en point. Comparativement à un échantillon de 22 pays développés, on ne trouve que 6 pays présentant un rapport de dépendance des personnes âgées plus favorables. À l'exception de l'Irlande et de l'Islande, tous les pays d'Europe occidentale sont plus mal en point.

La structure par âge du Québec est dans la norme des pays développés, mais, à l'échelle nord-américaine, la situation est différente. Le Canada et les États-Unis ont à la fois un âge médian inférieur à celui du Québec et un rapport de dépendance des personnes âgées plus favorable.

Figure 2
Rapport de dépendance des personnes âgées
(65 ans et plus/15-64 ans), sélection de pays développés
et Québec, 2010

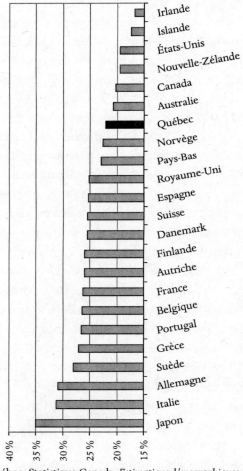

Source : pour le Québec : Statistique Canada, *Estimations démographiques*.
Pour les autres pays : Nations unies, *World Population Prospects*. http://
esa.un.org/unpd/wpp.

Si ce bref bilan suffit à dédramatiser la situation québécoise, il ne doit cependant pas semer la complaisance : les défis engendrés par le vieillissement de la population sont bien réels. Par ailleurs, le Québec ne figure pas parmi les sociétés les plus vieilles du monde occidental, mais il vieillit à un rythme un peu plus rapide que les autres pays développés. La vitesse du vieillissement de la population d'une société résulte en partie de l'ampleur des mouvements de la fécondité. Le Québec a connu un baby-boom particulièrement fort, suivi d'une chute abrupte de sa fécondité. Si son niveau de fécondité est aujourd'hui similaire à celui qui prévaut ailleurs en Occident, ses baby-boomers, qui atteignent peu à peu l'âge à la retraite, sont proportionnellement un peu plus nombreux qu'ailleurs.

Le baby-boom exceptionnel du Québec engendrera donc un papy-boom tout aussi exceptionnel. En 2030, l'âge médian du Québec devrait atteindre 45 ans, ce qui le classera désormais au 8e rang sur 23 parmi les sociétés développées les plus vieilles. Plus préoccupant encore, son rapport de dépendance démographique des personnes âgées dépassera alors 42 %. Le Québec deviendra alors la 5e société ayant le moins bon rapport, devancé seulement par le Japon, l'Allemagne, l'Italie et la Finlande. À l'échelle nord-américaine, le Canada et les États-Unis connaîtront alors une situation plus favorable.

Pour aller plus loin

- Institut de la statistique du Québec (2009). *Perspectives démographiques du Québec et des régions, 2006-2056, édition 2009*, Québec, 132 p.
- Nations unies (2009). *World Population Ageing 2009*. Department of Economic and Social Affairs, Population Division, New York, 66 p.

2. « L'immigration est un bon outil pour lutter contre le vieillissement de la population »

Cette idée est largement répandue au sein de la population et est entretenue par la plupart des commentateurs et décideurs politiques. Elle est notamment évoquée au Québec pour justifier l'accueil de volumes d'immigration élevés. Si les Québécois ne font pas assez d'enfants, il suffit de faire venir des gens d'ailleurs pour compenser. L'idée est séduisante et paraît aller de soi, mais elle est néanmoins fausse.

Au sein de la communauté scientifique, le consensus est très large : l'immigration n'a qu'un effet marginal sur le vieillissement de la population et la structure par âge. Les nombreuses études réalisées sur le sujet le montrent à l'aide de simulations démographiques dont les résultats ne peuvent s'interpréter que d'une manière.

Si le seuil de renouvellement de la population est de 2,1 enfants par femme, ne suffirait-il pas de compenser par l'immigration le nombre de naissances qui nous sépare de ce seuil et ainsi empêcher le vieillissement? Non. Le renouvellement de la population et le vieillissement sont deux concepts bien distincts. Le renouvellement de la population concerne les effectifs de la population. Une fécondité de 2,1 enfants par femme permet donc d'empêcher le déclin de la population en l'absence de migration. Or, une société qui ne décline pas n'est pas nécessairement une société qui ne vieillit pas. Le contraire est aussi vrai : une société qui ne vieillit pas n'est pas nécessairement une société qui ne décline pas. La structure par âge d'une société est prédéterminée par les comportements reproducteurs passés. Dans le cas du Québec, la forte fécondité du temps du baby-boom laisse donc encore des marques sur la structure par âge actuelle.

Dans les années 1950, la fécondité au Québec tournait autour de quatre enfants par femme. Le vieillissement que le Québec connaît est fortement tributaire de la chute de la fécondité survenue après cette période. Pour qu'il n'y ait pas de vieillissement de la population, la fécondité du temps du baby-boom aurait dû perdurer jusqu'à aujourd'hui (et le terme baby-boom n'aurait alors plus de sens). Le nombre d'immigrants nécessaires pour empêcher le vieillissement n'est donc pas équivalent à la différence entre le nombre actuel des naissances et celui d'une fécondité de 2,1 enfants par femme. C'est plutôt la différence entre le nombre réel de naissances et le nombre de naissances qu'il y aurait eu s'il n'y avait pas eu de chute de la fécondité dans les années suivant le baby-boom. On parle donc de niveaux d'immigration complètement irréalistes qui devraient être en perpétuelle croissance. Le démographe français Henri Léridon résume bien cette idée : « C'est véritablement chercher à remplir un tonneau des Danaïdes[1]. »

L'immigration, même à des niveaux relativement modestes, peut empêcher le déclin de la population ou encore accroître le nombre de personnes en âge de travailler, mais elle ne peut influencer de manière durable la structure par âge. Le vieillissement de la population est déterminé essentiellement par les comportements reproducteurs de même que par la mortalité. À moins d'un changement significatif de ces paramètres, ce processus est donc inévitable. C'est la conclusion que l'on retrouve dans la littérature scientifique traitant de l'effet de l'immigration sur la démographie. Les répercussions de l'immigration se feront sentir sur la taille globale de la population, mais pas durablement sur sa structure par âge.

---

1. Léridon, Henri (2000). « Vieillissement démographique et migrations : quand les Nations unies veulent remplir le tonneau des Danaïdes », *Population et société*, INED, n° 358, p. 3.

Pour donner un exemple concret de l'effet de l'immigration sur le vieillissement de la population québécoise, nous pouvons simuler l'évolution de la population québécoise d'ici 2048 selon trois scénarios supposant des niveaux d'immigration différents :

- Le premier suppose tout au long de la projection 35 000 immigrants, soit une nette diminution par rapport à aujourd'hui ;
- Le deuxième suppose 45 000 immigrants, soit environ le volume d'immigration moyen de 2005 à 2009 ;
- Le troisième suppose finalement 55 000 immigrants, soit le volume ciblé par le ministère de l'Immigration et des Communautés culturelles pour 2010.

La différence entre le nombre d'immigrants admis dans le premier scénario (35 000 immigrants) et le nombre admis dans le troisième (55 000) peut sembler petite. Une comparaison entre un scénario supposant une immigration beaucoup plus forte, par exemple 150 000 immigrants par an, et un scénario d'immigration nulle viendrait certainement amplifier l'effet observé. Or, de tels scénarios peuvent être intéressants d'un point de vue théorique, mais ils ne peuvent être sérieusement envisagés en pratique. Jamais dans son histoire le Québec n'a pu maintenir un niveau supérieur à 55 000

Figure 3
Rapport de dépendance des personnes âgées selon 3 scénarios, Québec, 2008-2048

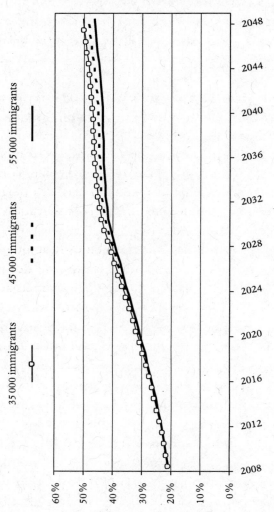

Source : Calculs des auteurs.

immigrants sur une longue période. À l'inverse, aucun parti politique n'a récemment proposé de niveau inférieur à 40 000 immigrants par année. Tous les niveaux qui ont été recommandés par des partis politiques au cours des dernières années se situent à l'intérieur des bornes définies dans cette simulation.

Tous les autres paramètres sont les mêmes : les trois scénarios supposent le même niveau de fécondité (1,7 enfant par femme), la même évolution de la mortalité (espérance de vie d'environ 87 ans en 2048) et la même migration interprovinciale. Toutes choses étant égales par ailleurs, l'exercice permet d'illustrer concrètement l'effet de l'immigration sur le vieillissement québécois.

Le rapport de dépendance démographique des personnes âgées correspond à la somme des personnes de 65 ans et plus divisée par la population âgée de 15 à 64 ans. Son évolution donne une bonne idée du fardeau fiscal que fera peser le vieillissement sur les épaules des travailleurs. Plus l'indicateur est élevé, plus le poids des personnes âgées sur la population en âge de travailler est lourd. La figure 3 présente ce rapport selon les trois scénarios de projection.

Les résultats sont révélateurs. Ils montrent sans équivoque l'effet limité de l'immigration. Au fil des années, les trois courbes sont juxtaposées. En 2008, le rapport de dépendance des personnes âgées était d'environ 21 %. Peu importe le scénario, celui-ci

doublera d'ici le début des années 2030. Au terme
de la projection, en 2048, le rapport de dépendance
des personnes âgées serait de 47 % pour le scénario
supposant 55 000 immigrants, et de 50 % pour celui
qui en suppose 35 000. La taille de la population en
âge de travailler est certes plus élevée pour le scénario accueillant le plus d'immigrants, mais cette
différence n'a pas de répercussions significatives sur
la structure par âge de la population. Une différence
de 20 000 immigrants admis annuellement pendant
40 ans ne permet de faire diminuer le rapport de
dépendance démographique des personnes âgées
que de 3 points de pourcentage. Ce gain est réel,
mais demeure pour le moins modeste. Tout au plus,
l'admission de 800 000 immigrants supplémentaires
au cours des 40 années de la projection
(20 000 x 40 ans = 800 000) ne permet de décaler que
de trois ou quatre années la structure démographique. Durant la même période, d'infimes changements dans la fécondité ou la mortalité suffiraient à
annuler complètement ce gain.

En 2000, l'Organisation des Nations unies (ONU)
publiait un rapport fort intéressant sur l'effet potentiel de l'immigration sur le vieillissement. Intitulée
« Migration de remplacement : est-ce une solution
pour les populations en déclin et vieillissantes ? »[2],

---

2. United Nations (2000), *Replacement Migration : Is It a Solution
    to Declining and Ageing Populations ?*, UN Population Division,
    New York, 143 p.

l'étude avait notamment pour objectif de calculer le nombre d'immigrants nécessaires jusqu'en 2050 dans quelques pays (la France, l'Allemagne, l'Italie, le Japon, la Corée du Sud, la Russie, le Royaume-Uni et les États-Unis) pour éviter le vieillissement de la population. Le rapport montrait que, peu importe l'entité géographique étudiée, le nombre d'immigrants requis pour satisfaire cette cible démographique atteignait des niveaux démesurément élevés. Par conséquent, les effectifs de population de ces pays exploseraient à des niveaux inconcevables.

Dans le cas de la Corée du Sud, par exemple, plus de 5 milliards d'immigrants sur une période de 55 ans seraient nécessaires pour freiner le vieillissement, soit une moyenne annuelle de 94 millions d'immigrants, pour une population évaluée à moins de 50 millions d'habitants en 2000. En 2050, la population du pays serait alors de 6 milliards d'habitants (la quasi-totalité de la population de la Terre), pour une superficie d'à peine 100 000 km², soit une densité de 60 000 habitants/km² : le double de la densité de Manhattan sur tout le territoire ! Cette démonstration par l'absurde réalisée par l'ONU montre bien que toute mesure visant à rajeunir la population au moyen de l'immigration est totalement fantaisiste et injustifiable.

Il est important de noter que les politiciens et les commentateurs affirmant qu'une hausse de l'immigration est essentielle pour affronter les défis liés au vieillissement de la population ne citent jamais les travaux des démographes qui ont travaillé sur la question. Ils se contentent généralement de répéter que l'immigration est une solution, sans prendre la peine de vérifier si c'est vraiment le cas. Or, le vieillissement de la population est un processus inéluctable, peu importe les niveaux d'immigration.

Pour aller plus loin

- Bijak, Jakub, Dorota Kupiszewska et Marek Kupiszewski (2008). « Replacement Migration revisited : Simulations of the effects of selected population and labor market strategies for the ageing Europe, 2002-2052 », Population Research and Policy Review, vol. 27, n° 3, p. 321-342.
- Coleman, David A. (2000). « Who's afraid of low support ratios ? A UK response to the UN population division report on "Replacement migration" », dans *United Nations Expert Group meeting*, New York, 16-18, 50 p.
- Dubreuil, Benoît, et Guillaume Marois (2011). « Chapitre 2 – Une goutte d'eau dans l'océan », *Le remède imaginaire – Pourquoi l'immigration ne sauvera pas le Québec*, Éditions du Boréal, p. 45-80.
- Guillemette, Yvan, et William B.P. Robston (2006). « No Elixir of Youth : Immigration Cannot Keep Canada Young », *C.D. Howe Institute Backgrounder*, C.D. Howe Institute, n° 96, 11 p.

3. « Les immigrants paieront nos retraites »

Ce mythe est étroitement lié au précédent. Si on voit dans l'immigration un remède contre le vieillissement, c'est généralement que l'on croit qu'une population immigrante plus jeune viendra absorber les coûts occasionnés par une population vieillissante et, notamment, le coût des retraites. Est-ce possible ? Pour dire les choses simplement : non. L'effet de l'immigration sur le financement des retraites est nécessairement modeste. Il est même possible qu'il s'avère négatif. Pour voir pourquoi, il faut d'abord comprendre comment les Québécois financent leur retraite.

Le financement des retraites au Québec répond à un système complexe. Un retraité recevra généralement des prestations de plusieurs sources. Quelles sont-elles ?

- La *Pension de la sécurité de la vieillesse* (PSV) est une prestation fédérale versée à tous les Canadiens de 65 ans et plus. Il s'agit d'un revenu imposable financé à même les fonds consolidés du gouvernement. En d'autres mots, ce sont essentiellement les travailleurs d'aujourd'hui qui financent la PSV des retraités d'aujourd'hui au moyen des taxes et des impôts. En 2010, sa valeur mensuelle s'élève à 521 $.
- Le *Supplément de revenu garanti* (SRG) est une prestation fédérale s'adressant aux personnes

âgées à faible revenu. Environ une personne âgée sur trois reçoit le SRG. La valeur du SRG auquel un retraité a droit dépend de son revenu. En 2010, le SRG mensuel moyen pour une personne célibataire était de 448 $.

- Le *Régime de rentes du Québec* (RRQ) est un régime obligatoire pour tous les travailleurs du Québec. Il est financé en partie par répartition (c'est-à-dire que les travailleurs d'aujourd'hui financent en partie les retraités d'aujourd'hui) et est en partie capitalisé (il dispose d'une réserve de 30 milliards de dollars, dont la gestion est confiée à la Caisse de dépôt et placement du Québec). Le RRQ vise à remplacer 25 % du revenu des travailleurs à la retraite et ses prestations sont imposables.

En plus de ces sources de revenu public, plusieurs retraités peuvent compter sur des revenus privés :

- Les *régimes complémentaires de retraite* (RCR), aussi appelés « fonds de pension », sont des régimes mis sur pied par les employeurs. Ils sont financés conjointement à partir de cotisations des employeurs et des salariés. Au Québec, environ un travailleur sur trois participe à un tel régime, offert surtout dans le secteur public et les grandes entreprises.
- L'*épargne personnelle* comprend l'argent que vous épargnez par vous-mêmes, généralement dans un régime enregistré d'épargne-retraite (REER) ou un compte d'épargne libre d'impôt (CELI).

Une première caractéristique du financement des retraites au Québec, on le voit, est qu'une partie est capitalisée (l'épargne personnelle, les RCR et une partie du RRQ), alors qu'une partie est financée par répartition (PSV, SRG et l'autre partie du RRQ). Un premier point à noter est que l'effet négatif du vieillissement ne se fera pas sentir sur la partie capitalisée des retraites : ces placements peuvent être investis sur les marchés internationaux et leur rendement est largement indépendant de l'état de l'économie québécoise.

L'effet négatif du vieillissement se fera sentir sur la partie des retraites financés par répartition (PSV, SRG et, en partie, RRQ) : comme ces prestations sont financées à même les revenus des travailleurs en place, l'augmentation de la proportion de retraités par rapport au nombre de travailleurs rendra de plus en plus difficile leur financement. Dans le cas du RRQ, la pression sera moins grande grâce à une réserve relativement importante.

L'effet du vieillissement se fera cependant pleinement sentir sur la PSV et le SRG, financés directement à même les taxes et les impôts des Canadiens. Avec le vieillissement, de plus en plus de gens auront droit à ces prestations, mais de moins en moins de travailleurs paieront les impôts nécessaires à leur financement. L'immigration peut-elle changer la donne ? Non. La première raison nous est déjà connue : l'immigration ne permet pas de réduire de façon importante le rapport de dépendance des

personnes âgées. Le vieillissement est inéluctable et
la pression sur la PSV et le SRG sera considérable.

Mais l'immigration viendra-t-elle au moins
réduire cette pression? On peut en douter. En effet,
la PSV et le SRG sont financés en bonne partie à
partir des impôts des travailleurs. Il ne suffit donc
pas de savoir si l'immigration permet de rajeunir
(modestement) la structure par âge, mais bien si elle
permet d'accroître les revenus d'impôt du gouvernement du Canada. Or, nous savons que, depuis
trois décennies, les immigrants au Québec et au
Canada tendent à obtenir des revenus beaucoup
moins élevés que les non-immigrants; par conséquent, les impôts qu'ils paient sont aussi largement
inférieurs. L'écart est particulièrement important
pour les personnes qui ont immigré depuis le début
des années 1990. Les impôts qu'ils payent sont plus
ou moins deux fois moindres que ceux des
non-immigrants.

Quel sera l'effet de l'immigration sur la part du
financement des retraites qui fonctionne par répartition? À long terme, il dépendra des performances
économiques des immigrants. Celles-ci demeurent
en partie imprévisibles, mais, sur la base de l'expérience des dernières décennies, on peut néanmoins
prédire la chose suivante : l'immigration contribuera
à rajeunir très légèrement la population et, incidem-
ment, à augmenter la part des contributeurs aux
PSV, au SRG et au RRQ. L'effet risque cependant
d'être d'autant plus faible que l'impôt payé par les

Figure 4

Moyenne des impôts gouvernementaux payés par la population âgée entre 25 et 54 ans selon le statut d'immigrant et la période d'immigration, Québec et reste du Canada, 2005

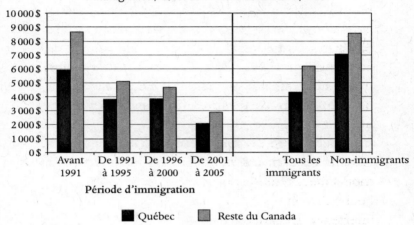

Source : Statistique Canada, *Recensement de la population de 2006*, tiré de Dubreuil et Marois (2011).

immigrants sera largement inférieur à celui qui est payé par les non-immigrants.

Par ailleurs, l'effet à long terme de l'immigration pourrait s'avérer négatif, puisque les faibles revenus des immigrants feront en sorte que ces derniers, une fois à la retraite, dépendront davantage du SRG et payeront moins d'impôt que les non-immigrants sur les prestations de la PSV et du RRQ qu'ils recevront. Comme l'effet de l'immigration sur la structure par âge n'est pas très grand, il ne faut cependant pas exagérer l'ampleur de cet effet négatif.

Pour aller plus loin

- Dubreuil, Benoît et Guillaume Marois (2011). « Chapitre 4 – Et ici ? », *Le remède imaginaire – Pourquoi l'immigration ne sauvera pas le Québec*, Éditions du Boréal, p. 115-160.
- Hans Roodenburg, Rob Euwals et Harry ter Rele (2003). *Immigration and the Dutch Economy*, Special Publication 47, Centraal Planbureau, La Haye, 122 p.
- Régie des rentes du Québec (2010). *Constats et enjeux concernant le système de retraite québécois*, Québec, 87 p.

4. « Une augmentation des niveaux d'immigration permettrait d'augmenter significativement les niveaux de fécondité »

Un mythe tenace soutient que l'immigration permettrait d'augmenter significativement les niveaux de fécondité des pays hôtes. Ce qui est communément appelé le « mini baby-boom », soit l'augmentation de l'indice de fécondité du Québec de 1,5 en 2005 à 1,7 en 2008, est parfois attribué à l'augmentation des niveaux d'immigration. Rappelons que ceux-ci sont en effet passés d'environ 30 000 au milieu des années 1990 à environ 45 000 depuis 2004. Au dire d'autres commentateurs, il n'y aurait plus que les immigrants qui font des enfants au Québec.

La première chose à savoir est de vérifier si les immigrantes sont plus fécondes que les natives et dans quelle mesure. La littérature sur le sujet est révélatrice : les immigrantes sont plus fécondes que les natives, mais elles ne le sont pas suffisamment pour que cela ait un effet notable sur les taux de fécondité nationaux. Une étude publiée par Statistique Canada[3] a mesuré la fécondité des immigrantes entre 1971 et 2001. Les résultats indiquent que les femmes nées à l'étranger ont une fécondité légèrement supérieure à celle des femmes nées au Canada (entre 0,3 et 0,4 enfant par femme de plus). L'avantage des immigrantes se maintient pour toutes les périodes depuis 1971.

En revanche, la fécondité des femmes immigrantes demeure inférieure au seuil de renouvellement de la population (qui est de 2,1 enfants par femme) : elle varie en effet, selon les années, entre 1,82 et 2,03 enfants par femme (tableau 1). Est-ce suffisant pour augmenter de manière importante la fécondité du Canada ? Non. Au cours de la période à l'étude, la fécondité supérieure des immigrantes n'aura fait augmenter l'indice global de fécondité que de 0,05 à 0,07 enfant par femme selon l'année. Ces résultats montrent que l'effet de l'immigration sur la fécondité globale est assez faible.

---

3. Bélanger, Alain et Stéphane Gilbert (2002). «La fécondité des immigrantes et de leurs filles au Canada», *Rapport sur l'état de la population du Canada*, Ottawa, Statistique Canada, p. 135-161.

Tableau 1

Indice synthétique de fécondité des Canadiennes de naissance
et des Canadiennes nées à l'étranger, Canada,
1976-1981 à 1996-2001

	Canadiennes de naissance	Canadiennes nées à l'étranger	Total
1976-1981	1,64	2,03	1,70
1981-1986	1,56	1,87	1,61
1986-1991	1,56	1,88	1,61
1991-1996	1,60	1,99	1,66
1996-2001	1,47	1,82	1,54

Source : Bélanger, Alain et Stéphane Gilbert (2002). «La fécondité des immigrantes et de leurs filles au Canada», *Rapport sur l'état de la population du Canada*, Ottawa, Statistique Canada, p. 135-161.

L'étude rapporte également que la fécondité des immigrantes, plus élevée dans les premières années suivant l'arrivée au Canada, diminue rapidement avec la durée de résidence. La forte fécondité dans les premières années au pays s'explique en partie par un phénomène de «récupération». On sait en effet que les femmes qui s'engagent dans un projet d'immigration reportent souvent à plus tard le moment où elles auront des enfants. À ce phénomène s'ajoute une convergence entre la fécondité des immigrantes et celle des natives, qui s'explique par le fait que les immigrantes, une fois au Canada, adoptent après un certain temps des comportements similaires à ceux des Canadiennes de naissance.

L'étude de Statistique Canada a également montré que les filles de femmes nées à l'étranger ont une fécondité plus basse que celle des filles de femmes nées au Canada. Pour la période 1996-2001, elle était d'environ 1,4 enfant par femme contre 1,54 pour les femmes dont les deux parents sont nés au Canada, écart qui peut cependant s'expliquer par des causes socioéconomiques. Quoi qu'il en soit, on peut dire qu'en l'espace de quelques années seulement, les comportements reproducteurs des immigrantes et de leurs descendantes rejoignent ceux de la population d'accueil.

Certains commentateurs constatent néanmoins que les communautés ethniques sont de plus en plus diversifiées dans les salles de maternité et les écoles, d'où le mythe que ce sont dorénavant essentiellement les immigrants qui font des enfants. Ce constat s'explique par deux facteurs. D'abord, étant donné les hauts niveaux d'immigration qui prévalent depuis quelques années, les immigrants sont de plus en plus nombreux au sein de la population québécoise. Entre les recensements de 1986 et 2006, la proportion d'immigrants est passée de 8,2 % à 11,5 %. Si la population issue de l'immigration est plus nombreuse qu'auparavant dans la population totale et, particulièrement, dans la population en âge de procréer, elle l'est aussi chez les enfants.

Ensuite, l'immigration est régionalement très concentrée. Au Québec, parmi les 46 000 immigrants accueillis en 2008-2009, 72 % se sont installés dans la région administrative de Montréal (c'est-à-dire sur l'île) et 85 % dans la région métropolitaine de Montréal (c'est-à-dire à Montréal et dans ses banlieues). Au recensement de 2006, environ la moitié de la population de l'île de Montréal était composée d'immigrants ou d'enfants d'immigrants. Si l'on observe une école sur l'île de Montréal, il faut donc s'attendre à ce qu'elle soit composée d'une forte proportion d'élèves issus de l'immigration. La conclusion à tirer d'une telle observation est qu'il y a une concentration d'immigrants à Montréal et non que les immigrants font beaucoup plus d'enfants que les natifs.

Par ailleurs, plusieurs Québécois d'origine migrent en banlieue le temps venu de fonder une famille. Ce phénomène est moins prononcé chez les immigrants. En conséquence, sur l'île de Montréal, la composition de la population d'âge scolaire ne reflète pas la composition de la population adulte. Si l'on observe une autre école ailleurs au Québec, on risque fort de ne compter que très peu d'élèves issus de l'immigration.

La fécondité relativement faible des femmes immigrantes ne devrait pourtant pas surprendre : dans les pays en développement, les femmes vivant en ville et les femmes éduquées font généralement beaucoup moins d'enfants que les autres. Or, les immigrantes que le Québec reçoit proviennent généralement d'une population urbaine et relativement instruite. Ces femmes, même si elles restaient dans leur pays, n'auraient pour la plupart pas beaucoup plus d'enfants que n'en ont les femmes dans les pays riches. Rien d'étonnant à ce qu'elles n'en fassent pas davantage en arrivant au Québec.

Soulignons également qu'une transition démographique est en cours dans à peu près tous les pays en développement. Ces pays passent d'une situation de forte natalité et de forte mortalité à une situation de faible natalité et faible mortalité. Le temps où les grandes familles étaient la norme est révolu dans beaucoup de pays[4]. La majorité de l'humanité vit désormais dans des pays à faible fécondité. Certains pays ont encore une très forte fécondité, comme le Mali (7,7 enfants par femme) ou l'Éthiopie (6,1), mais ceux-ci ne comptent pas parmi les principaux fournisseurs d'immigrants du Québec. Les cinq principaux pays d'origine des immigrants admis au Québec entre 2005 et 2009 – soit l'Algérie (2,3 enfants par femme), la France (1,9), le Maroc (2,3), la Chine (1,8) et la Colombie (2,3) – ont tous une fécondité inférieure au seuil de renouvellement ou s'en rapprochant. Pourquoi les femmes originaires de ces pays deviendraient-elles soudainement plus enclines à fonder une famille nombreuse en arrivant au Québec?

Cet apport modeste de l'immigration à la fécondité globale n'est pas unique au Canada. La France est l'un des rares pays occidentaux à avoir une

---

4. Wilson, Chris et Gilles Pison (2004). «La majorité de l'humanité vit dans un pays où la fécondité est basse», *Population et société*, INED, n° 405, 4 p.

fécondité se rapprochant du seuil de renouvellement de la population et cette situation est parfois
attribuée à l'immigration, notamment africaine.
Les démographes François Héran et Gilles Pison,
de l'Institut national d'études démographiques
(INED) ont cherché à voir si c'était le cas[5]. Bien
qu'ils constatent une fécondité plus forte chez les
immigrantes, celle-ci ne permet d'augmenter la
fécondité que de 0,1 enfant par femme à l'échelle
de la France. Avec ou sans immigrants, la France
aurait un niveau de fécondité parmi les plus élevés
de l'Europe.

Revenons à notre question initiale. Entre 2005 et
2008, le Québec a connu une hausse de la fécondité
d'environ 0,2 enfant par femme. Cette hausse est-
elle attribuable à l'augmentation des volumes
d'immigration qui survenaient au même moment ?
Pour y voir plus clair, nous pouvons comparer la
hausse de la fécondité dans les régions du Québec.
Si la hausse de l'immigration avait un effet déterminant, la région qui en bénéficie le plus, c'est-à-dire
Montréal, aurait connu la plus forte hausse de la
fécondité. Le tableau 2 présente la fécondité des
régions administratives du Québec en 2005 et 2008.

---

5. Héran, François et Gilles Pison (2004). « Deux enfants par
    femme dans la France de 2006 : la faute aux immigrées ? »,
    Population et société, INED, n° 432, 4 p.

Tableau 2
Fécondité par région administrative, Québec, 2005 et 2008

Région administrative	2005	2008	Différence
Lanaudière	1,6	1,96	0,36
Côte-Nord	1,64	1,99	0,35
Chaudière-Appalaches	1,66	1,96	0,3
Centre-du-Québec	1,64	1,94	0,3
Gaspésie–Îles-de-la-Madeleine	1,41	1,69	0,29
Capitale-Nationale	1,35	1,61	0,26
Abitibi-Témiscamingue	1,74	1,98	0,24
Laurentides	1,65	1,89	0,24
Nord-du-Québec	2,65	2,87	0,22
Mauricie	1,45	1,67	0,21
Laval	1,59	1,79	0,19
Montérégie	1,65	1,83	0,18
Saguenay–Lac-Saint-Jean	1,61	1,79	0,18
Estrie	1,59	1,76	0,17
Outaouais	1,61	1,75	0,14
Bas-Saint-Laurent	1,58	1,73	0,14
Montréal	1,45	1,58	0,13

Source : Institut de la statistique du Québec (2010). *Taux de fécondité selon le groupe d'âge de la mère, indice synthétique de fécondité et âge moyen à la maternité, par région administrative, Québec, 1986-2009.* http://www.stat.gouv.qc.ca/donstat/societe/demographie/naisn_deces/naissance/405.htm.

Les données sont sans équivoque : toutes les régions du Québec ont vu leur fécondité augmenter, mais c'est à Montréal que la hausse a été la plus faible (0,13). Des régions où il n'y a que très peu d'immigrants, comme la Côte-Nord ou le Centre-du-Québec, ont connu une croissance beaucoup plus forte de cet indicateur (respectivement de 0,35 et de 0,3). Ce tableau permet également de constater que Montréal est la région du Québec où la fécondité est la plus faible. Des régions comme Chaudière-Appalaches ou la Côte-Nord ont un indice de fécondité qui dépasse 1,9 enfant par femme, comparativement à 1,58 pour l'île de Montréal. La conclusion de l'étude de Héran et Pison s'applique donc également au Québec : avec ou sans immigrants, la fécondité du Québec aurait augmenté. Il est donc faux d'affirmer que les nouvelles naissances sont essentiellement le fruit de l'immigration.

Pour aller plus loin

- Bélanger, Alain et Stéphane Gilbert (2002). « La fécondité des immigrantes et de leurs filles au Canada », *Rapport sur l'état de la population du Canada*, Ottawa, Statistique Canada, p. 135-161.

5. « Le Québec est une terre d'émigration »

Il n'est pas rare d'entendre les journalistes et les commentateurs affirmer que le Québec est une terre d'exode, que la province perd massivement ses jeunes et, plus particulièrement, ses diplômés. À en croire certains, le rêve d'une grande partie de la population serait de quitter le Québec, soit pour une autre province canadienne, soit pour un autre pays. Rétablissons les faits. La situation est loin d'être aussi alarmante qu'on peut le croire : la réalité est que le Québec est la province où il y a le moins de départs au prorata de sa population.

Statistique Canada offre chaque année et pour chaque province une estimation du nombre d'émigrants internationaux (les personnes quittant une province pour un autre pays) et du nombre de sortants interprovinciaux (les personnes quittant une province pour s'installer dans une autre). En faisant la somme de ces deux composantes, nous savons qu'il y a eu annuellement, entre 2005 et 2009, une moyenne de 36 400 personnes par année qui ont quitté le Québec (tableau 3). Lorsqu'on compare le Québec aux autres provinces, la première chose qui frappe est que le nombre de sortants totaux est plus élevé dans trois provinces : l'Ontario, l'Alberta et la Colombie-Britannique.

Le nombre de sortants demeure néanmoins élevé. Après tout, 36 400 personnes par année, c'est presque autant que le nombre d'immigrants admis par le Québec. Il faut cependant relativiser ce nombre, en le mettant en relation avec la taille de la population québécoise. Il n'est pas surprenant qu'il y ait plus de personnes qui quittent le Québec (qui compte près de 8 millions d'habitants) qu'il y en a qui quittent l'Île-du-Prince-Édouard (qui compte 130 000 habitants). Au Québec, la somme des sortants correspond à un taux annuel moyen de 4,7 ‰

Tableau 3

Émigrants internationaux, sortants interprovinciaux et sortants totaux, moyenne annuelle de 2005 à 2009

Province	Émigrants internationaux	Sortants interprovinciaux	Sortants totaux
Ontario	20 818	75 130	95 947
Alberta	6 344	60 458	66 802
Colombie-Britannique	6 612	43 730	50 342
Québec	6 310	30 104	36 413
Manitoba	1 603	17 625	19 228
Saskatchewan	395	18 363	18 758
Nouvelle-Écosse	776	17 666	18 442
Nouveau-Brunswick	544	12 867	13 411
Terre-Neuve-et-Labrador	445	10 960	11 405
Île-du-Prince-Édouard	78	3 248	3 326

Source : Statistique Canada, *Estimations démographiques.*

(tableau 4), c'est-à-dire que, pour chaque tranche de 1000 Québécois, environ 5 personnes quittent la province par année. Qu'en est-il ailleurs ? En Alberta, le taux de départ annuel moyen pour la même période est de 23,0 ‰. En Colombie-Britannique, c'est 13,5 ‰. En fait, le taux de départ du Québec est le plus faible parmi les 10 provinces canadiennes. L'Ontario suit tout juste après avec un taux de 7,5 ‰.

Évidemment, ces chiffres s'expliquent en grande partie par la barrière linguistique. Un Québécois francophone qui quitte sa province doit presque assurément passer à l'anglais, à moins de se diriger

Tableau 4

Taux annuels moyens de sortants totaux (émigrants
internationaux et sortants interprovinciaux), 2005-2009

Province	‰
Île-du-Prince-Édouard	23,9
Alberta	23,0
Terre-Neuve-et-Labrador	22,4
Nouvelle-Écosse	19,7
Saskatchewan	18,7
Nouveau-Brunswick	18,0
Manitoba	16,1
Colombie-Britannique	11,7
Ontario	7,5
Québec	4,7

Source : Statistique Canada, *Estimations démographiques.*

vers l'Acadie ou certaines régions du Nord et de l'Est
ontarien. Ce problème ne se pose pas pour les
habitants du reste du Canada. Les échanges migratoires entre les autres provinces sont donc beaucoup
plus importants. On peut les comparer, d'un point
de vue sociologique, à la migration interrégionale
au Québec. Pour un anglophone du Canada, quitter
la Saskatchewan pour l'Alberta est un peu comme,
pour un Québécois, quitter le Bas-du-Fleuve pour la
Montérégie. Une étude de Statistique Canada[6] a

6. Finnie, Ross (2000). *Qui sont les migrants ? Analyse de la migration interprovinciale au Canada fondée sur un modèle logit par
   panel*, Ottawa, Statistique Canada, 30 p.

d'ailleurs montré que les taux de migration inter-provinciale des francophones du Québec est excep-tionnellement faible, alors que ceux des anglophones atteignent des niveaux similaires à ce qui peut s'observer dans d'autres provinces.

Jusqu'ici nous n'avons parlé que des sortants, en laissant de côté les «entrants» (internationaux ou interprovinciaux). C'est pour cette raison que l'Alberta fait piètre figure. Beaucoup de gens quittent cette province, mais il y en a beaucoup plus qui s'y installent. Lorsqu'on s'intéresse à l'attracti-vité d'une région, il ne faut donc pas se limiter aux sortants, mais examiner «le solde migratoire net», c'est-à-dire la somme des entrées (internationales et interprovinciales) moins la somme des sorties. Ce solde net au Québec est largement positif depuis plus de 20 ans. Entre 2005 et 2009, il a été en moyenne de 35 000, c'est-à-dire que, chaque année, le Québec gagne 35 000 habitants au moyen des migrations, pour un taux de migration net de 4,6 ‰. À l'échelle du Canada (tableau 5), cela le place derrière l'Ontario (7,0 ‰) et la Colombie-Britannique (13,3 ‰) – qui reçoivent le plus grand nombre d'immigrants – et surtout loin derrière l'Alberta (18,1 ‰), dont l'économie est dopée par la manne pétrolière. Le Québec se trouve cependant devant toutes les autres provinces. Comparé à celui des autres pays industrialisés, le bilan migratoire du Québec est aussi très favorable. Il est notamment supérieur à ceux de la France (1,6 ‰), de l'Allemagne (1,8 ‰), du Royaume-Uni (3,1 ‰), des États-Unis (3,3 ‰) et de la Belgique (3,8 ‰). La situation du Québec est donc loin du désastre évoqué par certains. En réalité, le Québec est une terre d'immigration et peu de gens le quittent.

Tableau 5
Taux du solde migratoire net, 2005-2009

Province	‰
Alberta	18,1
Colombie-Britannique	13,4
Ontario	7,0
Québec	4,6
Saskatchewan	4,1
Manitoba	4,0
Île-du-Prince-Édouard	3,8
Nouvelle-Écosse	0,1
Nouveau-Brunswick	-0,3
Terre-Neuve-et-Labrador	-2,7

Source : Statistique Canada, *Estimations démographiques*.

Quelques études, reprises par les médias, font parfois écho d'un exil des médecins vers les États-Unis ou le reste du Canada[7]. Par exemple, l'Association des facultés de médecine du Canada

---

7. Ménard, Sébastien (2010). «45 % des diplômés quittent le Québec», *Journal de Montréal*, 3 mai 2010, accessible sur le site de Canoë http://www.canoe.com/infos/quebeccanada/archives/2010/05/20100503-045900.html.

(AFMC) en 2010 révélait que 45 % des diplômés de la Faculté de médecine de l'Université McGill et 27 % de l'ensemble des diplômés en médecine de la province avaient quitté le Québec deux ans après leur résidence. Ces données doivent être interprétées avec précaution, car il ne s'agit pas, dans plusieurs cas, d'émigrants Québécois. Les universités québécoises comptent en effet un grand nombre d'étudiants étrangers ou provenant des autres provinces du Canada. L'Université McGill est la championne à ce chapitre étant donné sa réputation et sa langue d'enseignement. Plusieurs étudiants viennent y étudier sans avoir l'intention de s'installer au Québec par la suite. Lorsque l'AFMC mentionne le taux de 27 %, son dénominateur est l'ensemble des diplômés, pas seulement les Québécois.

Si le Québec perd un grand nombre de diplômés en médecine, particulièrement de l'Université McGill, peut-on dire qu'il perd un grand nombre de médecins ? Les données de l'Association médicale canadienne montrent qu'entre 2005 et 2009 le Québec a perdu en moyenne 23 médecins par année au profit du reste du Canada[8]. Ce nombre est-il important ? Non. En 2009, le Collège des médecins comptait plus de 20 000 membres. En d'autres mots,

8. Association médicale canadienne (2010), *Informations statistiques sur les médecins canadiens*, http://www.cma.ca/index.php/ci_id/16959/la_id/2.htm.

chaque année, à peine un médecin sur 1000 quitte le Québec pour une autre province. Pendant la même période, le Québec gagnait chaque année 5 médecins qui revenaient y pratiquer après un séjour à l'étranger. Si la pénurie de médecins est bien réelle – surtout pour ce qui est des omnipraticiens –, elle ne doit pas être imputée au départ des médecins déjà établis.

Économie, fiscalité et finances publiques

Pierre Fortin

Professeur émérite de sciences économiques à l'Université du Québec à Montréal, Pierre Fortin a publié principalement sur la politique économique et sociale, dirigé la revue *L'Actualité économique* et présidé la Canadian Economics Association. Il a été conseiller économique principal du premier ministre René Lévesque. En 1995, l'Association des économistes québécois l'a désigné comme « l'économiste qui s'est le plus illustré au cours de la dernière décennie ». Il a obtenu la Médaille d'or de la National Magazine Awards Foundation pour sa chronique mensuelle dans le magazine *L'actualité*. Il détient un doctorat en économie de l'Université de Californie à Berkeley.

Luc Godbout

Chercheur principal en finances publiques à la Chaire de recherche en fiscalité et en finances publiques, Luc Godbout est professeur titulaire à la Faculté d'administration de l'Université de

Sherbrooke. En 2009-2010, M. Godbout a été membre du Comité consultatif sur l'économie et les finances publiques. Il a codirigé plusieurs ouvrages publiés aux Presses de l'Université Laval, dont *Le Québec, un paradis pour les familles*? (2008) et, depuis 2009, *Le Québec économique*, une publication annuelle qui regroupe une série de textes sur des sujets thématiques, des indicateurs et des données qui aident à mieux comprendre les enjeux économiques touchant le Québec.

1. « Le salaire minimum du Québec ne couvre pas le seuil de pauvreté »

La politique du salaire minimum cherche à concilier deux objectifs opposés. D'une part, on voudrait qu'il soit le plus élevé possible, afin de permettre aux travailleurs du bas de l'échelle de se sortir de la pauvreté. D'autre part, on voudrait éviter qu'il soit si élevé qu'il décourage leur embauche par les PME et répande le chômage.

Comment la politique québécoise gère-t-elle ce conflit d'objectifs? Depuis une quinzaine d'années, le gouvernement du Québec a cherché à maintenir le salaire minimum dans un intervalle allant de 44 % à 47 % du salaire moyen observé. Pourrait-on le porter à 55 %? L'histoire des 40 dernières années nous a enseigné deux choses. D'abord, à un extrême établir le salaire minimum à un niveau aussi bas que

35 % du salaire moyen, comme c'est le cas aux États-Unis depuis 20 ans, ne semble pas décourager l'embauche de travailleurs par les PME. Mais, à l'autre extrême porter le salaire minimum à 55 % du salaire moyen, comme on l'a fait au Québec dans les années 1970, créerait à l'inverse beaucoup de chômage, comme ce fut le cas à l'époque. Entre ces extrêmes, un salaire minimum à 45 % du salaire moyen est probablement un bon compromis, d'autant que le tableau 1 fait la démonstration qu'un ménage n'ayant qu'un seul revenu de travail à temps plein rémunéré au salaire minimum dispose en 2012 d'un revenu après impôts, cotisations et prestations au-dessus du seuil de pauvreté selon les trois définitions présentement en usage au Canada.

En 2012, l'emploi à temps plein rémunéré au salaire minimum va procurer au travailleur un revenu brut de 20 419 dollars. Avec ce revenu de travail, de quel revenu disposera le ménage après impôts, cotisations et prestations, selon qu'il s'agit d'une personne seule, d'un couple sans enfants, d'une famille monoparentale avec un enfant de moins de 6 ans ou d'un couple avec deux enfants de moins de 6 ans? Le tableau 1 montre que, dans trois cas sur quatre – la personne seule étant l'exception –, le revenu finalement disponible sera supérieur au salaire minimum gagné. Par exemple, dans le cas d'un couple avec deux enfants, même après soustraction des impôts sur le revenu fédéral et québécois, de la contribution santé et des cotisations à l'assurance-emploi, au Régime des

Tableau 1

Comparaison entre le revenu annuel d'un travail à temps plein rémunéré au salaire minimum et les trois définitions usuelles du seuil de pauvreté pour quatre types de ménages, Québec, 2012 (en dollars)

	Personne seule	Couple sans enfants	Famille monoparentale avec 1 enfant < 6 ans	Couple avec 2 enfants < 6 ans
Revenu avant impôts, cotisations et prestations	20 419	20 419	20 419	20 419
Revenu après impôts, cotisations et prestations	18 666	23 151	29 265	37 021
Seuil de pauvreté MPC	15 578	22 031	22 031	31 157
Seuil de pauvreté MFR	15 807	22 130	22 130	31 614
Seuil de pauvreté SFR	15 784	19 210	19 210	29 843
Excédent du revenu sur le seuil le plus élevé	18 %	5 %	32 %	17 %

Note : les 20 419 dollars rémunèrent 40 heures de travail par semaine pendant 52 semaines aux taux horaires de 9,65 $ jusqu'au 30 avril 2012 et de 9,90 $ pour le reste de l'année. Les seuils de pauvreté apparaissant sont obtenus en indexant jusqu'en 2012 les seuils publiés par les agences statistiques, en pondérant les régions du Québec selon la taille et en tenant compte de l'écart entre le coût de la vie au Québec et ailleurs au Canada.

Sources : Statistique Canada, Institut de la statistique du Québec et calculs des auteurs.

rentes et à l'assurance parentale, le revenu disponible atteint plus de 37 000 $ une fois que les diverses prestations sociales sont ajoutées. Le revenu initialement gagné est, dans ce cas, majoré de 81 %.

Pour chacun de ces quatre ménages, il est dès lors possible de comparer leur revenu disponible aux seuils de pauvreté correspondant aux trois définitions présentement en usage au Canada : la mesure du panier de consommation (MPC), la mesure du faible revenu (MFR) et le seuil de faible revenu (SFR). Les résultats sont sans équivoque : la combinaison d'un revenu de travail à temps plein rémunéré au salaire minimum, de la fiscalité et des prestations sociales porte le revenu disponible de ces quatre types de ménages au-dessus du seuil de pauvreté le plus élevé (le MFR) par une marge qui varie entre 5 % et 32 %.

Contrairement à l'énoncé qui apparaît en titre, le salaire minimum en 2012 procure au travailleur à temps plein et à sa famille un revenu supérieur au seuil de pauvreté tout en assurant une certaine protection à sa capacité d'obtenir un emploi et de le conserver.

Pour aller plus loin

- Pierre Fortin, « Salaire minimum, pauvreté et emploi : à la recherche du compromis idéal », *Regards sur le travail* 7, n° 1, automne 2010. À l'adresse www.travail.gouv.qc.ca/publications/ revue_regards_sur_le_travail.html.

2. « Les salaires font du sur-place pendant que les profits des compagnies ne cessent d'augmenter »

Depuis 1974, les salaires hebdomadaires n'ont guère progressé. La première ligne du tableau 2 montre qu'en 35 ans ils n'ont augmenté au total que de 9 % de plus que le coût de la vie, malgré des décennies de croissance économique. Dans les 25 ans qui avaient précédé, de 1949 à 1974, ils avaient pourtant plus que doublé en pouvoir d'achat.

Comment expliquer alors que le salaire hebdomadaire moyen ait cessé de suivre la tendance qu'il connaissait depuis l'après-guerre ? La réponse vient en deux temps. Premièrement, de 1974 à 2010, les heures annuelles travaillées par personne employée au Québec ont baissé de 12 %. La semaine de travail est plus courte, les vacances sont plus longues, les congés sont plus nombreux, le temps partiel volontaire est plus répandu. Ainsi, l'employé moyen reçoit, en pouvoir d'achat, un salaire hebdomadaire plus élevé de 9 % qu'en 1974, mais en travaillant 12 % moins d'heures. Deuxièmement, la rémunération des salariés comprend non seulement le salaire direct, mais aussi les avantages sociaux. Or, ces derniers ont fortement augmenté depuis 35 ans. Par heure travaillée, et toujours en pouvoir d'achat, ils étaient deux fois et demie plus importants en 2010 qu'en 1974.

La réduction des heures annuelles de travail pour un salaire accru et la poussée des avantages sociaux constituent des gains réels pour les salariés. Il faut en tenir compte lorsqu'on évalue la progression de leur pouvoir d'achat dans le temps. Pour cette raison, la deuxième ligne du tableau 2 indique que, par heure travaillée et en dollars à pouvoir d'achat constant de 2010, la rémunération totale des salariés est passée de 17,60 dollars en 1974 à 24,34 dollars en 2010, ce qui constitue une augmentation de 38 %. Cela n'a rien d'époustouflant, mais c'est tout de même nettement supérieur à la hausse de 9 % du salaire hebdomadaire moyen.

Tableau 2

Évolution du salaire hebdomadaire par employé,
de la rémunération totale par heure travaillée et du revenu total
distribué par heure travaillée, Québec, 1974-2010
(en dollars constants de 2010)

	1974	2010	Augmentation
Salaire hebdomadaire par employé	722,40 $	783,99 $	9 %
Rémunération totale des salariés par heure travaillée	17,60 $	24,34 $	38 %
Revenu total distribué par heure travaillée (= rémunération + profits + revenus de placements)	23,20 $	31,88 $	37 %

Source : Statistique Canada, tableaux CANSIM 281-0006, 281-0021, 281-0027, 282-0028, 326-0021, 384-0001 et 384-0014 ; *Enquête sur la population active* (n° 71-001 au catalogue) ; *L'indice des prix à la consommation* (n° 62-001 au catalogue).

La troisième et dernière ligne du tableau 2 complète le portrait de l'évolution. Elle révèle que la valeur totale produite par heure travaillée et distribuée en revenus aux divers acteurs de l'économie québécoise (salaires, profits et placements) a augmenté de 37 % en pouvoir d'achat de 1974 à 2010, soit à peu près au même rythme que la rémunération horaire totale versée aux salariés. Cela signifie que les salariés ont réussi à capter à peu près la même part du revenu total distribué au Québec en 2010 qu'en 1974. Cette part était de 76 % en 2010 tout comme en 1974. La part distribuée en profits aux compagnies, elle, a légèrement diminué, étant passée de 18 % en 1974 à 15 % en 2010. Ainsi, contrairement à l'affirmation en titre, au cours des 35 dernières années les salaires ne sont pas restés les mêmes et les profits des compagnies ne se sont pas envolés.

Un avertissement, pour finir : le choix des années comparées (2010 contre 1974) est crucial. Il faut sélectionner des années de conjonctures pas trop dissemblables, afin de comparer des pommes avec des pommes. La raison est que les profits des entreprises subissent des fluctuations de très forte amplitude à travers une succession de cycles économiques. Ils s'effondrent en récession et prennent l'ascenseur en expansion. Ce serait donc commettre une grossière erreur que de comparer une année de conjoncture forte comme 2007 ou moyenne comme 2010, où les profits des compagnies ont capté 15 %

du revenu total, à une année de récession, comme 1982 ou 1991, où ils en ont absorbé seulement 9 %, et d'en conclure que les profits ont eu tendance à augmenter plus vite que les salaires à long terme.

En bout de piste, il faut retenir que, si les salaires progressent lentement depuis 1974, ce n'est pas parce que les salariés reçoivent une plus petite part du gâteau qu'avant, mais plutôt parce que la création de la richesse ne se fait pas à un rythme aussi soutenu qu'avant cette date, ce qui pénalise tous les acteurs économiques, et pas seulement les salariés.

Pour aller plus loin

- Luc Godbout, Pierre Fortin et Suzie St-Cerny, « La défiscalisation des entreprises au Québec est un mythe : pour aller au-delà de la croyance populaire », document de travail 2006/03, Chaire de recherche en fiscalité et en finances publiques, Université de Sherbrooke, octobre 2006. À l'adresse www.usherbrooke.ca/chaire-fiscalite/fr/publications-cffp/cahiers-recherche-cffp/.

3. « La société québécoise est de plus en plus inégalitaire : les riches s'enrichissent pendant que les pauvres s'appauvrissent »

On entend souvent dire que les inégalités entre les plus riches et les plus pauvres s'accroissent au Québec. Examinons cette affirmation en comparant l'évolution du revenu moyen des familles économiques les 20 % les plus riches en proportion du revenu moyen des 20 % les plus pauvres, après avoir effectué un ajustement pour la taille des ménages. Ce rapport est une mesure très répandue de l'inégalité des revenus. Il exprime combien de fois le revenu du quintile inférieur est compris dans celui du quintile supérieur. L'usage des quintiles est recommandable, car les données par décile peuvent souffrir de sérieux problèmes d'échantillonnage aux extrémités.

Il importe ici de bien distinguer deux concepts de revenu. D'une part, le *revenu du marché* comprend l'ensemble des revenus (travail, placements, retraite, etc.) obtenus *avant* de payer ses impôts et d'encaisser divers transferts (prestations, crédits, indemnités, etc.). D'autre part, le *revenu après impôts et transferts* soustrait les impôts sur le revenu payés et ajoute les transferts gouvernementaux reçus.

La partie supérieure du graphique 1 trace le rapport entre le *revenu du marché* du quintile le plus riche et celui du quintile le plus pauvre au Québec et en Ontario de 1976 à 2009. On y observe qu'en

1976, au Québec, les 20 % les plus riches gagnaient 8,2 fois plus que les 20 % des plus pauvres, mais qu'après une remontée au début des années 1990 et une légère redescente dans les années 2000 le ratio s'établissait à 11,3 fois en 2009. Sur la base du *revenu du marché*, les riches se sont donc enrichis davantage que les pauvres pendant ces 34 années. L'Ontario a connu une évolution semblable. La recherche contemporaine indique que ce sont les changements technologiques, la concurrence des pays émergents et l'avantage accru de l'éducation postsecondaire qui en constituent les principales explications.

Graphique 1

Rapport entre le revenu moyen des 20 % les plus riches et des 20 % les plus pauvres, Québec et Ontario, 1976 à 2009

Le portrait est cependant différent lorsqu'on tient compte de l'effet égalisateur des impôts et des transferts gouvernementaux. En effet, comme le représente le graphique 2, lorsqu'on refait le même exercice avec le revenu après impôts et transferts, le contraste est frappant. En 2009, les plus riches du Québec ne disposaient plus que de 4,0 fois plus de revenus que les plus pauvres. Le ratio était même plus faible qu'en 1976 où il atteignait alors 4,4 fois. Pendant la même période, en Ontario, ce ratio passait de 4,6 à 5,3 fois.

Graphique 2
Revenu après impôts et transferts

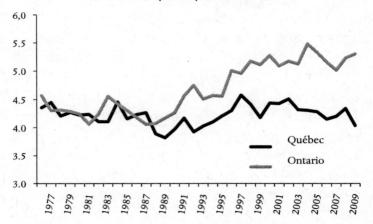

Source : Statistique Canada, *CANSIM*, tableau 202-0706 pour les familles économiques de deux personnes ou plus.

Il faut en conclure que les impôts et les transferts atténuent considérablement les inégalités de revenu et que, contrairement à l'Ontario, le régime québécois a accompli sa tâche avec encore plus d'efficacité en 2009 qu'en 1976. Pour y arriver, le revenu moyen du quintile le plus pauvre du Québec était majoré de 123 % après le passage des impôts et transferts en 2009, alors que cette majoration n'était que de 55 % en 1976. Inversement, le revenu moyen du quintile le plus riche diminuait de 20 % après le passage des impôts et transferts en 2009, contre 17 % en 1976.

La fiscalité s'avère donc une « arme de combat » efficace contre les inégalités. Le graphique 3 illustre l'évolution de la part des impôts sur le revenu provenant des familles les 20 % les plus riches de 1976 à 2009. Tant au Québec qu'en Ontario, leur part a sensiblement augmenté : de 49 % dans les deux provinces en 1976, elle est passée à 58 % au Québec et à 61 % en Ontario en 2009.

Il est donc vrai que, tant au Québec qu'en Ontario, la répartition du revenu que les familles retirent du marché est plus inégale aujourd'hui qu'au milieu des années 1970. Cependant, il ne faut pas oublier le rôle des impôts et des transferts, qui atténuent considérablement les inégalités engendrées par le fonctionnement pur de l'économie.

Si on en tient compte, on constate qu'après impôts et transferts aucune augmentation du rapport entre le revenu des plus riches et des plus pauvres ne s'est produite au Québec depuis trois

Graphique 3

Part des impôts fédéral et provincial sur le revenu payée
par le quintile supérieur des familles, Québec et Ontario,
1976 à 2009 (en pourcentage)

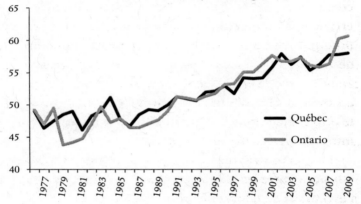

Source : Statistique Canada, *CANSIM*, tableau 202-0501 pour les familles
économiques de deux personnes ou plus.

décennies. C'est donc dire que, jusqu'ici, les impôts
et les transferts au Québec ont accompli leur travail
de redistribution des revenus et de réduction des
inégalités avec une efficacité certaine. Si, ailleurs en
Amérique du Nord, les riches s'enrichissent pendant
que les pauvres s'appauvrissent, ce n'est pas le cas
au Québec.

4. « La TPS et la TVQ sont régressives, de sorte qu'elles pèsent plus lourdement sur les ménages québécois à revenus modestes »

On entend souvent dire que la TPS et la TVQ seraient régressives, c'est-à-dire que les ménages plus riches consacreraient une part plus faible de leur revenu à payer ces taxes que les ménages à revenu modeste. Cette idée est notamment exprimée par le mouvement syndical et des associations de consommateurs. Elle prend sa source dans le fait que la part de son revenu qu'un ménage consomme décroît à mesure que ce revenu augmente. En conséquence, les plus pauvres seraient les plus touchés par la TPS et la TVQ.

Cette vision de la réalité est erronée. Il est indéniable que la part du revenu du ménage qui est consommée décroît à mesure que le ménage s'enrichit, car plus on est riche, plus on épargne. Mais deux autres observations interdisent de sauter tout de suite à la conclusion que la TPS et la TVQ sont régressives.

La première concerne le fait que le panier de consommation se modifie avec le revenu de ces ménages. Les dépenses des ménages à revenu modeste portent beaucoup plus sur des biens de première nécessité non taxables, comme les produits alimentaires de base et le logement, que les dépenses des ménages plus riches. L'Enquête sur les dépenses des ménages de 2008 de Statistique Canada permet de déterminer si chacun des éléments du panier de consommation des ménages est taxable ou non. À partir de cette enquête, les ménages sont répartis en cinq groupes égaux, des 20% les plus pauvres aux 20% les plus riches. Les résultats indiquent qu'un ménage faisant partie du groupe le plus pauvre consacre en moyenne moins d'un dollar sur deux de son panier de consommation à l'achat de fournitures taxables (8 772 $ sur 18 562 $), tandis que plus des deux tiers des dépenses d'un ménage du groupe le plus riche sont assujetties aux deux taxes de vente (55 012 $ sur 81 797 $).

La seconde observation est que les ménages moins riches bénéficient d'importants crédits remboursables de taxe de vente accordés par les gouvernements. Ces crédits de TPS et de TVQ doivent être soustraits des taxes payées par les ménages, puisqu'ils ont été mis en place justement en vue d'éviter que le fardeau des taxes supporté par les ménages les plus pauvres soit trop lourd.

Au total, une fois pris en compte à la fois les produits et services détaxés et les crédits de taxe de vente, l'enquête indique qu'en 2008 un ménage du groupe le plus pauvre a payé en moyenne 398 $ en TPS et en TVQ, comparativement à 6 704 $ pour un ménage du groupe le plus riche. Le groupe des plus pauvres, même s'il représente 20% des ménages, a payé moins de 3% du total des deux taxes. À l'inverse, le groupe des plus riches, qui représente aussi 20% des ménages, a payé 44% du total des deux taxes.

Ces résultats permettent d'affirmer que le montant net de TPS et de TVQ payé par les ménages augmente sensiblement des plus pauvres aux plus riches. Mais augmente-t-il aussi *en pourcentage* du revenu disponible des ménages, au point de nous permettre de dire que ces taxes ne sont pas régressives ? Oui, c'est bien le cas. En 2008, les données de l'enquête révèlent qu'après avoir touché les crédits d'impôts remboursables le groupe des ménages les plus pauvres a consacré 2,5 % de son revenu disponible au paiement de la TPS et de la TVQ. Ce taux effectif moyen d'imposition en matière de taxes à la consommation augmente ensuite avec le revenu des ménages et atteint 6,6 % pour chacun des trois derniers groupes des ménages les plus riches.

La combinaison des produits et services détaxés avec les crédits remboursables de taxe de vente fait donc en sorte que le poids des taxes à la consommation augmente lorsque le revenu augmente. C'est donc une erreur que de présumer que la TPS et la TVQ sont des taxes régressives.

Pour aller plus loin

- Luc Godbout et Suzie St-Cerny, « La perception du caractère régressif des taxes à la consommation au Québec est-elle fondée ? », document de travail 2011/01, Chaire de recherche en fiscalité et en finances publiques, Université de

Sherbrooke, mars 2011. À l'adresse www.usher-brooke.ca/chaire-fiscalite/fr/publications-cffp/cahiers-recherche-cffp/.

5. « Les entreprises paient de moins en moins d'impôt au Québec »

Cette affirmation est contraire à la vérité. Nous allons d'abord le démontrer, puis essayer de comprendre pourquoi certains la défendent avec conviction.

Les entreprises sont assujetties à plusieurs types d'impôts prélevés par les trois ordres de gouvernement : fédéral, provincial et municipal. Les plus connus sont les impôts fédéral et provincial sur le revenu des sociétés (impôts sur les profits) et la fameuse taxe provinciale sur le capital, abolie le 1er janvier 2011. Les entreprises doivent aussi payer diverses cotisations sociales et taxes sur la masse salariale : assurance emploi, Régime de rentes du Québec, assurance parentale, santé et sécurité du travail, normes du travail, développement de la main-d'œuvre, services de santé. Au total, en 2008, ces impôts, cotisations et taxes ont atteint 26,3 milliards de dollars. Les entreprises paient aussi des taxes foncières et, si nous en tenions compte, le total des prélèvements atteindrait près de 30 milliards de dollars[1].

---

1. Une source gouvernementale nous a indiqué qu'elles ont versé 3,25 milliards de dollars de taxes foncières en 2008.

Or, on constate qu'à travers les cycles économiques le poids de l'ensemble de ces prélèvements
auprès des entreprises dans le PIB du Québec n'a pas
cessé d'augmenter d'une décennie à la suivante. En
moyenne décennale, il est passé de moins de 7 % du
PIB dans les années 1980 à 8,7 % dans les années
1990, puis à 9,3 % dans les années 2000[2]. Comme le
démontre le graphique 4, la réalité est que le fardeau
fiscal global des entreprises a augmenté.

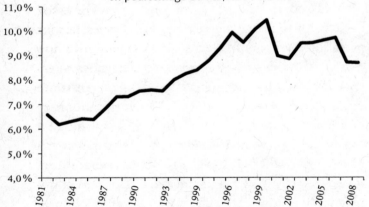

Graphique 4
Ensemble des prélèvements fiscaux fédéraux
et québécois effectués auprès des entreprises
en pourcentage du PIB, 1981 à 2008

Source : Statistique Canada, *Comptes économiques provinciaux*, n° 13-018
au catalogue.

---

2. L'élimination de la taxe sur le capital le 1er janvier 2011 ne
   change pas cette conclusion.

Pourquoi certains aboutissent-ils à la conclusion opposée? La méprise a ici quatre sources. La première consiste à faire porter le calcul exclusivement sur la fiscalité fédérale sans tenir compte de la fiscalité provinciale. En pointant du doigt les allégements fiscaux fédéraux des années récentes, on oublie d'observer que les allégements fédéraux ont été plus que compensés par une hausse de la charge fiscale provinciale.

Un deuxième type d'omission consiste à n'inclure dans la contribution fiscale des sociétés que les impôts fédéral et provincial sur les profits et à en exclure notamment les cotisations sociales que les entreprises doivent assumer comme employeurs. Or, ces prélèvements sur la masse salariale ont pris un essor considérable au cours des dernières décennies. Ils sont passés de 3,5 % du PIB il y a 30 ans à 5 % aujourd'hui.

Une troisième source d'erreur concerne la sélection des années comparées. Lorsqu'on examine l'évolution de la charge fiscale globale des entreprises en proportion du PIB de 1981 à 2008 (graphique 4 ci-dessus), il est facile d'observer que la tendance à long terme est à la hausse même si la trajectoire est soumise à des fluctuations au gré des cycles économiques. Certains s'ingénient néanmoins à mesurer la tendance en «tirant une ligne» entre une année de sommet économique et une autre de récession (ou l'inverse). Une sélection biaisée des années comparées ne peut conduire qu'à une conclusion qui l'est tout autant.

Graphique 5

Évolution du taux d'impôt statutaire des profits au Québec
et du poids des impôts sur les profits en proportion du PIB,
1981 à 2008

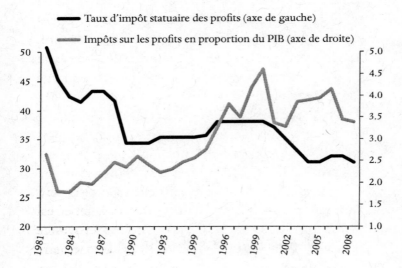

Source : Statistique Canada, *Comptes économiques provinciaux*, Agence du
revenu du Canada ; Finances Québec.

Enfin, une quatrième source de confusion
consiste à limiter l'analyse à l'évolution des taux
statutaires d'imposition qui sont applicables aux
profits. La fiscalité des profits est d'une grande
complexité. Plusieurs paramètres peuvent changer
en plus du taux officiel d'imposition, par exemple la
définition des bénéfices et les déductions permises.
Pour y voir clair, il est absolument essentiel de
fonder l'analyse sur l'évolution du poids des impôts

effectivement perçus en pourcentage du PIB. Le graphique 5 montre justement que, même si le taux d'imposition statutaire fédéral et provincial combiné sur les profits a sensiblement diminué de 1981 à 2008, pendant ce temps le rapport entre les impôts payés sur les profits et le PIB a, au contraire, augmenté. Le taux statutaire combiné est passé de 51 % à 31 % et le poids réel de la fiscalité dans l'économie, de 2 % à 3,5 %.

Pour aller plus loin

- Luc Godbout, Pierre Fortin et Suzie St-Cerny, « La défiscalisation des entreprises au Québec est un mythe : pour aller au-delà de la croyance populaire », document de travail 2006/03, Chaire de recherche en fiscalité et en finances publiques, Université de Sherbrooke, octobre 2006. À l'adresse www.usherbrooke.ca/chaire-fiscalite/fr/publications-cffp/cahiers-recherche-cffp/.

6. « La pauvreté du Québec se constate par la proportion de ses contribuables qui ne paient pas d'impôt sur le revenu »

Selon les années, le pourcentage des contribuables québécois qui ne paient pas d'impôt sur le revenu varie entre 35 % et 42 %. En 2008, dernière année où les statistiques sont présentement disponibles, parmi les 6,0 millions de personnes ayant produit une déclaration individuelle de revenus au Québec, 2,2 millions n'ont pas eu à payer d'impôt (36 % des déclarations). Plusieurs s'en inquiètent notamment parce qu'ils y voient une preuve que le Québec est plus pauvre que les autres provinces, ou encore qu'il est trop généreux envers les contribuables moins fortunés.

D'abord, la question se pose : d'où découle ce pourcentage de contribuables québécois qui n'ont pas payé d'impôt sur le revenu en 2008 ? Cette donnée provient de l'analyse des statistiques sur les déclarations produites à l'impôt sur le revenu au Québec. Il ne s'agit pas d'une analyse de la situation des ménages québécois ou d'une étude visant à déterminer l'étendue de la pauvreté de la province. C'est avant tout une question de revenu individuel.

Plusieurs groupes sont à distinguer parmi les contribuables non imposables, par exemple les personnes qui restent au foyer et sont à la charge de leur conjoint ou conjointe, les bénéficiaires de prestations de l'État, les petits salariés, les jeunes qui sont aux études et qui occupent un emploi à temps partiel ou un emploi d'été. Prenons ce dernier cas en exemple. Même s'ils gagnent trop peu pour avoir de l'impôt à payer, à la fin de l'année, ces étudiants produisent néanmoins une déclaration afin de récupérer les retenues à la source dont ils ont fait l'objet. Plus de 80 % des contribuables de moins de 20 ans ne sont pas imposables.

La structure même de l'impôt amène certains contribuables à faible revenu à produire une déclaration fiscale même s'ils savent qu'ils n'ont pas d'impôt sur le revenu à payer. Pourquoi ? La production d'une déclaration d'impôt est une étape nécessaire pour bénéficier de différents programmes, comme le Soutien aux enfants ou encore le crédit d'impôt pour solidarité. S'ils ne produisent pas de déclaration, ils perdront un important soutien financier de l'État. Plus d'un million de déclarations non imposables sont produites par des contribuables déclarant des prestations d'assistance sociale, de sécurité de la vieillesse ou du Régime de rentes du Québec.

En 2008, parmi les 2,2 millions de contribuables québécois non imposables, 90 % ont déclaré un revenu personnel inférieur à 20 000 dollars. Cela dit, on ne peut faire de lien entre le pourcentage élevé de contribuables non imposables et le taux de pauvreté, car les données fiscales sont impropres à l'analyse de la pauvreté. Les contribuables dont le revenu personnel n'est pas assez élevé pour les obliger à payer de l'impôt ne sont pas tous pauvres. Il est clair, sur la base des exemples que nous venons de donner, qu'un grand nombre vivent dans des familles avec un conjoint, des parents ou des enfants dont le revenu donne accès à un niveau de vie décent. La pauvreté se mesure à partir de ce que permet d'acheter le revenu familial, et non pas le revenu individuel. Or, selon la mesure, la pauvreté n'est pas plus élevée au Québec que dans les autres régions du Canada, elle est au contraire la plus faible du pays.

Il faut maintenant voir comment le Québec se compare avec les autres provinces. Or, l'analyse ne peut se limiter à la proportion des déclarations non imposables parmi les déclarations produites au sein des différentes régions du Canada. À la place, nous mesurons le pourcentage de la population âgée de 20 à 64 ans qui ne paie pas d'impôt provincial sur le revenu, soit parce qu'elle ne produit pas de déclaration, soit parce qu'elle en produit une qui n'est pas imposable.

En 2008, ce pourcentage était de 32,9 % au Québec contre 36,2 % dans les neuf autres provinces réunies. Aucune équivoque n'est possible : sous l'angle du pourcentage de la population qui ne paie pas d'impôt sur le revenu, la proportion est plus faible au Québec que dans le reste du Canada.

Qui plus est, les citoyens qui ne paient pas d'impôt sur le revenu ne sont pas exempts des autres prélèvements fiscaux. Ils paient des taxes à la consommation, des taxes sur l'essence, des cotisations à l'assurance emploi, et ainsi de suite.

7. « Les Québécois sont 42 % moins riches que les Américains »

En 2010, le revenu moyen par habitant s'établissait à 40 395 dollars canadiens au Québec contre 46 961 dollars américains aux États-Unis. On obtient ces chiffres en divisant le produit intérieur brut (PIB) de chacun par sa population totale, c'est ce qu'on appelle le PIB par habitant. Pour effectuer une comparaison valable entre le niveau de vie que procurent ces revenus à un Québécois et à un Américain, on doit évaluer combien de dollars canadiens il faut à un Québécois pour avoir le même pouvoir d'achat qu'un Américain possède avec un dollar américain. Autrement dit, il faut déterminer le taux de conversion établissant la parité de pouvoir d'achat entre les monnaies des deux régions. Quel est ce taux ? Divers travaux de Statistique Canada nous conduisent à une estimation de 1,061 dollar canadien par dollar américain. Ainsi, un revenu de 46 961 dollars américains dépensé aux États-Unis en 2010 donnait le même pouvoir d'achat qu'un revenu de 49 826 dollars canadiens (46 961 x 1,061) dépensé au Québec. Comme le revenu moyen par habitant de 40 395 dollars au Québec correspond à 81 % de 49 826 dollars, on en conclut qu'en 2010 les Québécois étaient 19 % moins riches que les Américains.

Pourquoi entend-on alors certains analystes clamer que les Québécois sont 42 % moins riches que les Américains ? Ce résultat prend sa source dans le taux de conversion. L'Organisation de coopération et de développement économiques (OCDE) utilise un taux de 1,219 dollar canadien par dollar américain. Ce taux donne une évaluation beaucoup plus généreuse du pouvoir d'achat du dollar américain que le taux de conversion de 1,061 que nous venons d'employer. Il accorde à l'Américain moyen un revenu équivalant à 57 245 dollars canadiens (46 961 x 1,219), lequel dépasse de 42 % le revenu de 40 395 dollars canadiens du Québécois moyen.

Mais alors, pourquoi préférer notre taux de conversion de 1,061, fondé sur les travaux de Statistique Canada, à celui de 1,219, publié par l'OCDE ? Pour deux raisons. La première est que le taux de conversion de l'OCDE se détermine en comparant les prix des biens et services que les pays vendent, alors que l'objectif est ici de comparer les pouvoirs d'achat, donc les prix des biens et services qu'ils achètent. Évidemment, ce n'est pas la même chose, car les pays vendent ce qu'ils exportent, mais achètent ce qu'ils importent. Le taux de conversion de Statistique Canada, lui, évite ce piège : il compare bel et bien les prix d'achat des Canadiens et des Américains.

La seconde raison est que l'OCDE effectue seulement des comparaisons entre pays. Les statistiques de l'organisme ne considèrent pas le fait que les prix dans une région (comme le Québec) peuvent être plus bas que dans l'ensemble de son pays d'appartenance, de sorte qu'un niveau donné de revenu contient un pouvoir d'achat plus grand dans cette région que dans les autres parties du pays. Or, on sait que le niveau absolu des prix à la consommation – le coût de la vie – est de 5 % à 10 % plus faible au Québec que dans l'ensemble du Canada. Les enquêtes de Statistique Canada sur les prix à la consommation dans les diverses régions du Canada le confirment et permettent d'en tenir compte dans le calcul du taux de conversion établissant la parité des pouvoirs d'achat entre le Québec et les États-Unis. Selon les données de 2010, les Québécois sont donc bel et bien moins riches que les Américains, mais en réalité de 19 %, et non pas de 42 %.

Un avertissement toutefois. Il faut prendre le niveau de vie, mesuré par le PIB par habitant, pour ce qu'il est : une première approximation, imparfaite et incomplète, du bien-être total des habitants d'un territoire. Il faut bien voir que le bien-être des populations a un caractère multidimensionnel. Il comprend non seulement le *niveau* de vie (le bien-être matériel, mesuré par le PIB par habitant), mais aussi la *qualité* de vie (emploi, santé, éducation, environnement, gouvernance, liens communautaires, sécurité, temps libre, vie familiale, etc.). Dans cette perspective, l'OCDE a rendu public en 2011 un nouvel indice appelé « Vivre mieux » qui vise à comparer le niveau de vie *et* la qualité de vie de ses 34 pays membres. En appliquant cet indice au Québec, il est possible de constater que tant le Québec que le Canada figurent au sommet du classement, chacun devançant même les États-Unis. Cela dit, la croissance soutenue du niveau de vie mesuré par le PIB par habitant demeure un excellent tremplin vers l'augmentation du bien-être total à long terme.

Pour aller plus loin

- Un texte de Pierre Fortin sur le blogue de Jean-François Lisée, « Confirmé : au Québec, le niveau de vie moyen équivaut à 80 % de celui des États-Unis et à 95 % de celui de l'Ontario, mais le temps libre volontaire y est plus abondant et le revenu, moins inégalement réparti ». À l'adresse www2.lactualite.com/jean-francois-lisee/la-richesse-au-quebec-aux-usa-et-en-ontario-la-lecon-deconomie-du-professeur-fortin/10365/.
- Luc Godbout et Marcelin Joanis, « Vivre mieux… au Québec ? », dans *Le Québec économique 2011*, Québec, Presses de l'Université Laval, 2012.

8. « Si le Québec peut se donner plus de services publics que les autres provinces, c'est parce qu'il paie ses factures grâce à la péréquation fédérale »

On entend souvent dire que les paiements de péréquation que le Québec reçoit d'Ottawa lui permettent de se payer des services publics plus abondants que ceux des autres provinces. Cette idée, répandue au Canada anglais, est erronée. C'est essentiellement en prélevant plus d'impôts et de taxes auprès de ses propres citoyens que le Québec peut leur offrir plus de services qu'ailleurs.

La constitution canadienne oblige le gouvernement fédéral à effectuer des paiements, dits *de péréquation*, aux provinces dont la capacité fiscale est inférieure à la moyenne. Ces paiements leur permettent d'offrir des services publics à un niveau de qualité comparable à celui de la moyenne des provinces sans qu'elles soient obligées d'imposer à leurs citoyens un fardeau fiscal plus élevé que la moyenne. Comme le présente le tableau 3, six provinces ont reçu des paiements de péréquation en 2012 : les trois provinces maritimes, le Québec, l'Ontario et le Manitoba.

Tableau 3

Paiements de péréquation en dollars par habitant, 2012-2013

Provinces bénéficiaires	Montant par habitant
Île-du-Prince-Édouard	2 378 $
Nouveau-Brunswick	1 992 $
Manitoba	1 368 $
Nouvelle-Écosse	1 347 $
Québec	943 $
Ontario	249 $

Source : Québec, Budget 2012-2013, Plan budgétaire, section E, page E.7.

Les montants de péréquation sont payés par le gouvernement fédéral à partir des revenus qu'il prélève dans tout le Canada. Cela veut dire que les Québécois, comme tous les autres Canadiens, contribuent au financement du programme par les impôts et taxes qu'ils versent au trésor fédéral. En 2010, par exemple, on estime que la péréquation a coûté 14,4 milliards de dollars au gouvernement fédéral. Les Ontariens y ont contribué pour environ 5,8 milliards, les Québécois pour 2,8 milliards, les Albertains pour 2,5 milliards, etc.

Dans sa conception même, le montant de péréquation qui est versé à une province doit être tout juste suffisant pour la mettre en mesure d'offrir *autant* de services que les autres. Il est donc complètement illogique d'affirmer qu'il lui permet d'offrir *plus* de services que les autres. Une fois le montant de péréquation déterminé, la province *peut* offrir plus de services que les autres si elle le désire. Mais, le cas échéant, elle devra financer ces services accrus en augmentant le fardeau fiscal de ses contribuables.

C'est exactement ce que le Québec a choisi de faire. Les Québécois ont accès à plus de services publics que les autres Canadiens, mais ils supportent entièrement le coût de cet excédent de services par des taxes et des impôts plus élevés au niveau provincial. Qui plus est, même si le Québec se ravisait et décidait de réduire les services qu'il offre à ses citoyens – par exemple, afin d'alléger leur fardeau fiscal –, cela ne modifierait en rien le montant de péréquation qu'il reçoit. Il n'y a pas de lien, ni en théorie ni dans les faits, entre le montant des services que le Québec décide d'offrir à sa population et le montant de péréquation que lui verse le gouvernement fédéral. L'affirmation présentée en titre est donc tout à fait contraire à la réalité.

La preuve chiffrée est facile à faire. Pour l'année financière 2008-2009, on peut calculer que le grand secteur public et parapublic du Québec (province, municipalités, commissions scolaires, collèges, universités, hôpitaux et centres d'accueil tout compris) a dépensé 23 milliards de dollars de plus que s'il avait consacré aux services publics le même pourcentage du revenu intérieur brut du Québec que la moyenne des neuf autres provinces. Effectuons maintenant un calcul semblable du côté des recettes gouvernementales (impôts et taxes). Leur poids en proportion du revenu intérieur brut représentait au Québec 38,7 %, comparativement à 31,1 % pour les autres provinces canadiennes. On observe donc un écart de prélèvements fiscaux de près de 8 points de pourcentage plus élevé au Québec que dans le reste du Canada. Si le poids de la fiscalité avait été le même qu'ailleurs au Canada, combien le Québec aurait-il collecté de moins ? La réponse – vous l'avez devinée – est : précisément de 23 milliards.

Ce ne sont donc pas les paiements de péréquation qui financent les dépenses additionnelles du Québec, mais des taxes et les impôts plus élevés qui sont payés par les Québécois. Le Québec finance donc lui-même ses choix de société.

9. « On investit moins au Québec qu'ailleurs en Amérique du Nord, ce qui affaiblit nos perspectives de croissance économique »

On entend ici par *investissements* non pas les placements financiers, mais plutôt l'ensemble des dépenses que les entreprises et les gouvernements consacrent au maintien et à l'expansion de la capacité de produire de l'économie. Cela comprend la construction de bâtiments non résidentiels (usines, immeubles, bureaux, etc.), les ouvrages de génie (mines, barrages, gazoducs, etc.) et les achats de machinerie et de matériel de production (y compris les ordinateurs et les logiciels). L'investissement non résidentiel procure aux entreprises et aux gouvernements l'équipement productif qui, en conjonction avec les ressources humaines, est le fer de lance de la croissance économique.

Le tableau 4 vise à séparer le vrai du faux dans l'affirmation liminaire ci-dessus. Il compare la performance du Québec en matière d'investissement non résidentiel à celle des autres provinces canadiennes et des États-Unis. Trois traits caractérisent ce tableau. Premièrement, il établit les taux d'investissement moyens sur une période assez longue, soit la décennie

2001-2010, parce que l'investissement, privé ou public, fluctue beaucoup d'une année à l'autre.

Tableau 4

Investissement non résidentiel des entreprises et des gouvernements, Québec, Canada hors Québec et États-Unis, moyenne des années 2001 à 2010 (en pourcentage du PIB)

Territoire	Source de l'investissement non résidentiel		
	Entreprises	Gouvernements	Total
Québec	9,3	3,5	12,8
Les six autres provinces non pétrolières	9,9	2,9	12,8
Les trois provinces pétrolières	20,1	2,5	22,7
États-Unis	11,4	2,6	14,0

Sources : Statistique Canada, tableau CANSIM 384-0002 ; U.S. Department of Commerce, à l'adresse www.bea.gov/national/index.htm#gdp.

Deuxièmement, il compare le Québec aux autres provinces canadiennes en ayant soin de distinguer les trois provinces pétrolières (l'Alberta, Terre-Neuve-et-Labrador et la Saskatchewan) des six autres qui ne produisent pas d'hydrocarbures (les Maritimes, l'Ontario, le Manitoba et la Colombie-Britannique). Il est en effet bien connu que le développement pétrolier dans les trois provinces productrices de pétrole exige un niveau d'investissement astronomique qui est hors de la portée des provinces non pétrolières.

Troisièmement, le tableau est attentif non seulement à l'investissement des entreprises, mais aussi à

celui des gouvernements, parce que la taille comparative des secteurs public et privé peut varier beaucoup
d'une région à l'autre. Il est inévitable que certains
investissements qui sont privés dans une région où le
secteur privé est plus important soient publics dans
une région où l'administration publique occupe une
plus grande place, et vice versa. Cela signifie qu'on ne
peut comparer uniquement l'investissement privé du
Québec, où le secteur privé est de moins grande taille,
à celui des autres provinces ou des États-Unis, où le
secteur privé absorbe une plus grande fraction de
l'activité économique[3]. Pour être adéquate, la comparaison doit aussi tenir compte de l'investissement
total, qui est la somme de l'investissement des gouvernements et de celui des entreprises. À cette consi-
dération s'ajoute évidemment le fait qu'en lui-même
l'investissement gouvernemental (réseau routier,
transports collectifs, aqueducs, etc.) est une source
importante de croissance économique.

En résumé, le tableau 4 ci-dessus démontre trois
choses. La première est que, tel qu'anticipé, l'investissement des entreprises au Québec et dans les six
autres provinces non pétrolières ne fait pas le poids
en comparaison de celui des trois provinces pétrolières. La deuxième est que l'investissement des

---

3. Toutes proportions gardées, en 2010, l'emploi de l'ensemble
des administrations publiques au Québec dépassait celui des
six autres provinces non pétrolières de 8 %, celui des trois
provinces pétrolières de 26 % et celui des États-Unis de 22 %.

entreprises est légèrement plus faible au Québec que dans le reste du Canada non pétrolier, mais que cette faiblesse relative est compensée par un investissement gouvernemental légèrement plus élevé au Québec, de sorte que la somme des deux, l'investissement total, est le même au Québec qu'ailleurs. La troisième est que l'investissement des entreprises et l'investissement total sont tous les deux plus élevés aux États-Unis que partout au Canada non pétrolier, y compris au Québec. Le rapport du Groupe de travail sur l'investissement des entreprises a montré, en 2007, que la principale source de cet écart est un investissement beaucoup plus intensif dans les technologies de l'information et de la communication (les « TIC ») aux États-Unis qu'au Canada et au Québec[4]. Cela fournit une indication utile sur la direction que doit prendre la politique de développement économique du Québec dans l'avenir.

Pour aller plus loin

- Groupe de travail sur l'investissement des entreprises, *Rapport. L'investissement au Québec: on est pour*, ministère des Finances du Québec, 2007. À l'adresse www.gtie.gouv.qc.ca.

---

4. *Rapport. L'investissement au Québec: on est pour*, ministère des Finances du Québec, 2007, chapitre 2. À l'adresse www.gtie. gouv.qc.ca.

10. « La plus forte syndicalisation au Québec explique son taux de chômage plus élevé »

Les observations les plus simples dans le temps et dans l'espace contredisent l'affirmation voulant que plus les syndicats sont puissants dans un pays ou dans une région, plus le chômage y est répandu. Aux États-Unis, pendant les années 2000, le taux de syndicalisation de la population active a été en moyenne de 12 % et le taux de chômage, de 6 %. Or, 50 ans plus tôt, pendant les années 1960, le taux de syndicalisation était de 29 % et le taux de chômage, de 5 %. Deux fois et demie plus de syndiqués, moins de chômeurs. Par ailleurs, au cours des dix dernières années, un pays comme les Pays-Bas a enregistré un taux de chômage moyen de 3,5 % malgré un taux de couverture syndicale dépassant 80 %, tandis qu'un autre pays comme le Canada a essuyé un taux de chômage moyen de 7 % avec un taux de couverture syndicale de 32 %. Le chômage était deux fois plus élevé au Canada qu'aux Pays-Bas malgré une couverture syndicale deux fois moins étendue.

Évidemment, ces observations élémentaires sont incomplètes parce qu'elles négligent tous les autres facteurs pouvant affecter le taux de chômage en plus du taux de syndicalisation, comme la demande globale, les programmes sociaux, la législation du travail, les monopoles, la fiscalité, la cohésion sociale, etc. Mais elles sont néanmoins confirmées par les analyses statistiques plus complexes publiées dans des revues scientifiques avec comités d'évaluation externes. Ces analyses, tout comme les observations les plus simples, n'arrivent pas à démontrer de façon convaincante l'existence d'un lien systématique entre le taux de chômage et le degré de couverture syndicale de la population active.

Cela ne veut évidemment pas dire que l'action syndicale est sans conséquence pour l'économie. Ce n'est pas tant le taux de syndicalisation que la stratégie de négociation employée qui peut influer sur l'économie et l'emploi. Les syndicats ont toujours le choix de la stratégie : militer ardemment pour de fortes hausses de salaire, mais au risque de faire augmenter l'inflation et le chômage, ou encore opter pour la modération salariale, avec moins d'inflation et des emplois en plus grand nombre. Dans le cours de l'histoire, la politique des syndicats a alterné entre ces stratégies opposées.

Au Québec, par exemple, le militantisme salarial a dominé pendant la période de 1972 à 1985 ; ce fut aussi une période d'inflation accrue et de chômage maximal. Au milieu des années 1980, la stratégie a changé. Depuis lors, la modération salariale et l'objectif de la stabilité de l'emploi ont pris le dessus ; l'inflation s'est repliée et le chômage a fini par redescendre à un niveau qu'on n'avait pas observé depuis le début des années 1970. Des virages stratégiques syndicaux de même nature ont aussi été observés dans d'autres sociétés, notamment aux

Pays-Bas en 1982 et en Irlande en 1987. Ces change-ments expliquent en partie pourquoi il est impossible de détecter un lien unique entre l'action syndicale et le taux de chômage. Tout dépendra des objectifs syndicaux poursuivis dans chaque pays et dans chaque période de l'histoire.

Pour aller plus loin

- Pierre Fortin, « Faulty methodology brings faulty results », *Just Labour*, vol. 15, novembre 2009, p. 26-28. À l'adresse www.justlabour.yorku.ca/ index.php?page=toc&volume=15.

Prostitution

Richard Poulin

Professeur émérite de sociologie à l'Université d'Ottawa et professeur associé à l'Institut de recherches et d'études féministes de l'UQAM, Richard Poulin travaille en recherche depuis plus de vingt ans dans le domaine des industries du sexe. Il est un expert reconnu au Canada et à l'étranger. Ses récentes publications sont *Sexe, capitalisme et critique de la valeur* (dir., Ville Mont-Royal, M éditeur, 2012), *Sexualisation précoce et pornographie* (Paris, La Dispute, 2009), *Prostitution et traite des êtres humains, enjeux nationaux et internationaux* (dir., Ottawa, L'Interligne, 2009), *Les meurtres en série et de masse, dynamique sociale et politique* (avec Yanick Dulong, Montréal, Sisyphe, 2009), *Pornographie et hypersexualisation. Enfances dévastées*, tome II (Ottawa, L'Interligne, 2008), *Les enfants prostitués.* (Paris, Imago, 2007 – traduit en roumain), *Enfances dévastées. L'enfer de la prostitution*, tome I (Ottawa, L'Interligne, 2007), *Abolir la prostitution* (Montréal, Sisyphe, 2006 – traduit en catalan), *La mondialisation des industries du sexe* (Ottawa, L'Interligne, 2004).

1. « La prostitution a toujours existé, c'est le plus vieux métier du monde »

Prétendre, comme le veut le dicton populaire, que la prostitution est le plus vieux métier du monde relève soit de l'ignorance, soit d'une volonté de la justifier en la rendant inhérente à l'humanité et, par conséquent, inéluctable. Cette vision brutale de l'humanité permet de cautionner le caractère « naturel » de la sujétion sexuelle des femmes et des êtres féminisés (garçons, adolescents, jeunes hommes, travestis et transsexuels) aux hommes. Car, qu'elle soit féminine – fillettes, jeunes filles ou femmes de tous âges – ou masculine – garçons, adolescents, jeunes hommes, travestis et transsexuels –, la prostitution est une institution sociale à l'usage quasi exclusif des hommes. Elle est une industrie vouée essentiellement au plaisir masculin.

La prostitution est apparue vers le VIe ou le Ve siècle av. J.-C. Or, l'*homo sapiens* existe depuis quelques centaines de milliers d'années (200 000 ans probablement). Le clergé des lieux de culte a été le premier proxénète connu de l'histoire, puisqu'il accaparait les revenus de la prostitution « sacrée » des femmes[1]. La prostitution s'est en effet organisée

---

1. La prostitution « sacrée » existe encore de nos jours en Inde, au Népal et dans des pays africains où les fillettes sont condamnées à une vie d'asservissement sexuel au

autour des marchés émergents et les marchés origi-
nels étaient érigés sur le parvis des temples, qui
servaient également de greniers à céréales. Lieux de
commerce, les temples ont donc été des endroits
privilégiés à la fois des formes primitives de marchandisation sexuelle des femmes et du développement du marché des esclaves[2].

La prostitution se drape d'un caractère sacré
dans des civilisations qui commencent à s'urbaniser
et qui connaissent une division croissante et plus
complexe du travail. Cette division du travail repose
sur la différenciation sociale, de laquelle naissent les
classes sociales. Les sociétés divisées en classes
sociales en voie de consolidation reposent sur une

---

profit des temples, puis une fois plus vieilles dans l'industrie « profane » de la prostitution. Elles s'appellent *dévadâsi*,
venkatasani, *jogini*, *nailis*, *muralis* ou *theradiyan* en Inde,
deuki ou *devaki* au Népal et *trokosi* au Togo, au Nigeria, au
Bénin et au Ghana. Ces traditions patriarcales ont connu
un renforcement sans précédent avec le développement
du capitalisme néolibéral mondialisé. En Inde, on estime à
plus de 400 000 les fillettes prostituées dans les six grandes
métropoles du pays. Elles représentent de 25 % à 30 % des
personnes prostituées de ces villes. Les fillettes esclaves des
dieux seraient au nombre de 35 000 au Togo, au Nigeria,
au Bénin et au Ghana. Richard Poulin, *Abolir la prostitution*,
Montréal, Sisysphe, 2006, p. 10-11.

2. Voir à ce propos le chapitre II de Richard Poulin, *Enfances dévastées. L'enfer de la prostitution*, tome I, Ottawa, L'Interligne,
2007, qui détaille cette histoire et fournit des sources pour
celles et ceux qui désirent approfondir cet aspect.

dégradation du statut des femmes[3] qu'elles insti-
tuent (lois, mœurs, etc.)[4], ce qui a entraîné l'essor
de la prostitution, une institution du patriarcat
naissant. La relation y est étroite entre le développement de l'esclavage, celui de la prostitution des
femmes et le statut très inférieur des femmes dans
les premières sociétés de classes patriarcales.

Par ailleurs, comme dans tout marché segmenté,
des parts de ce marché s'adressent aux nantis et aux
gens de pouvoir, tandis que d'autres visent les
bourses plus modestes. Dans la Grèce antique, à côté
des femmes et des enfants prostitués (les *pórnai*) dans
les maisons closes d'État (les *dicterions* dirigées par
un tenancier-proxénète ou *pornoboskós*), on trouve
les *pallades* (prostituées des ports et des rues), les
auletrides et les *orchestrides* (qui sont louées pour la
soirée à un proxénète) – toutes sont des esclaves – et,
au-dessus de ces dernières, les *hétaïres,* ou «com-
pagnes-courtisanes», dont la plupart ont été affranchies par leurs maîtres après avoir été leurs esclaves
sexuelles. Les hétaïres vieillissantes achètent des
fillettes esclaves ou mettent leurs propres filles sur
le marché du sexe vénal de la haute société : ce sont

3. Selon Jared Diamond (*Le troisième chimpanzé*, Paris, Gallimard
   Folio, 2000, p. 256-257), avec l'apparition de l'agriculture,
   base de la civilisation, «le sort des femmes s'est dégradé et la
   stratification en classes inégales est apparue».
4. Voir à ce propos Francine Descarries et Richard Poulin,
   «Socialismes, féminismes et émancipation humaine»,
   Nouveaux Cahiers du socialisme, n° 4, 2010, p. 6-21.

leurs moyens de survie contre le dénuement dû à la perte des attraits liés au vieillissement.

L'expression « le plus vieux métier du monde » n'a aucun fondement historique, puisque la prostitution est moins un métier qu'un phénomène social lié à la dégradation du statut des femmes dans les sociétés en étroite interaction avec l'émergence des relations marchandes.

2. « La prostitution est un choix effectué librement dans une opération commerciale entre deux adultes consentants »

À l'origine, la prostitution est étroitement liée à l'esclavage et à la dégradation du statut des femmes dans les sociétés agricoles. Dans de telles conditions, il semble difficile de soutenir qu'elle relève du choix libre de personnes qui préfèrent exercer cette activité plutôt qu'une autre. Cependant, ceux qui sont favorables à la prostitution d'autrui révisent l'histoire en prétendant que, dans l'Antiquité, des esclaves affranchies ont choisi le « métier » d'hétaïre et se sont réalisées à travers cette activité prostitutionnelle (autonomisation ou *empowerment*)[5]. Que pouvaient-elles donc faire d'autre ? De façon

---

5. Cette position est défendue, entre autres, par Nils Johan Ringdal, *Love for Sale. A World History of Prostitution*, New York, Grove Press, 2004.

lapidaire, Rose Dufour explique, à partir d'une enquête auprès de femmes prostituées de la région de Québec, que «la prostitution est le choix de celles qui n'en ont pas[6]».

Évidemment, les sociétés esclavagistes de l'Antiquité ne sont pas des sociétés libérales. Il n'y avait pas de liberté individuelle, du moins pour la très grande majorité de la société. Si, à l'origine, la prostitution était liée à l'esclavage, on ne peut plus prétendre cela aujourd'hui, bien que certaines de ses formes lui ressemblent fortement[7].

Pour certains, la prostitution s'avère un travail moins éreintant et plus rémunérateur que bien des emplois, d'où cette notion de choix ou de consentement qui relève d'une décision rationnelle.

---

6. Rose Dufour, *Je vous salue... Le point zéro de la prostitution*, Sainte-Foy, Multimondes, 2005.

7. Voir, entre autres, Matiada Ngalikpima, *L'esclavage sexuel : un défi à l'Europe*, Paris, Éditions de Paris et Fondation Scelles, 2005. Le concept d'esclavage sexuel est généralement utilisé pour décrire une situation particulièrement révoltante. Toutefois, la notion d'«esclavage sexuel» pose problème. Juridiquement, un esclave est la propriété d'une autre personne. Un esclave qui s'enfuit, une fois rattrapé par les forces de l'ordre, est remis à son propriétaire «légitime», qui a le droit alors de le punir, y compris en portant atteinte à son intégrité physique. Si certaines formes de prostitution ressemblent à s'y méprendre à de l'esclavage, il n'en reste pas moins qu'en général aucune loi n'avalise cette forme d'appropriation privée. Les victimes du système prostitutionnel peuvent, théoriquement, trouver refuge auprès de la justice.

Alors, comment comprendre que tant de femmes « choisissent » de travailler chez Walmart ou d'autres compagnies du même genre pour des salaires de misère et des conditions déplorables de travail ? Seraient-elles irrationnelles ? Comment expliquer que tant d'étudiantes préfèrent un lourd endettement pour poursuivre leurs études plutôt que de devenir des escortes ou des danseuses nues ? Sont-elles si coincées sexuellement qu'elles adoptent des attitudes insensées ?

Par ailleurs, comment expliquer que le « choix » de la prostitution s'effectue très jeune ? Au Canada, l'âge moyen de recrutement dans la prostitution tourne autour de 14 ou 15 ans[8]. Aux États-Unis, en Grande-Bretagne et en Allemagne, les enquêtes ont révélé un âge de recrutement similaire. Peut-on parler de choix à cet âge ?

Comment expliquer que les femmes des minorités ethniques et nationales sont surreprésentées, donc surexploitées, dans la prostitution ? C'est notamment le cas des minorités ethniques dans le nord de la Thaïlande et au Myanmar. Les personnes originaires de la minorité hongroise en Roumanie, de la minorité russe dans les pays baltes et des minorités tsiganes un peu partout en Europe de l'Est sont « surreprésentées » parmi les personnes prostituées dans leur propre pays ainsi qu'en Europe de

---

8. Pour en savoir plus, notamment en matière de références, voir Richard Poulin, *Les enfants prostitués*, Paris, Imago, 2007.

l'Ouest. Les autochtones du Canada et celles de nombreux pays latino-américains sont également surreprésentées parmi les personnes prostituées de leurs pays respectifs. C'est également le cas des Afro-Américaines aux États-Unis. À l'échelle mondiale, les prostitueurs[9] du Nord profitent de femmes et d'enfants du Sud et de l'Est, ainsi que des femmes et des enfants des minorités ethniques ou nationales. Au Sud, les prostitueurs nationaux exploitent des femmes et des enfants de minorités nationales.

En quoi, face à de telles réalités, la notion de choix est-elle pertinente, sauf pour légitimer l'exploitation? Ceux et celles qui ne détiennent pas de capitaux sont *obligés* pour vivre de vendre sur un marché leur capacité de travail manuel et intellectuel à ceux qui sont les propriétaires desdits capitaux. En conséquence, ils sont soumis à ceux qui exploitent leur force de travail en tant que marchandise (objet d'un marché), ce qui est la source de leurs profits. Si ces gens pouvaient vendre des marchandises, ils n'auraient pas à vendre leur force de travail et à subir un commandement hiérarchique. Cependant, du

---

9. J'emploie le terme «prostitueur» pour désigner le «client» de la prostitution. Le mot «client» est neutre, contrairement à celui de personne prostituée ou de proxénète. Tout un chacun est client, mais ce n'est qu'une minorité d'hommes qui sont «prostitueurs», un sur neuf au Canada, selon Victor Malarek, *The Johns. Sex for Sale and the Men Who Buy It*, Toronto, Key Porter, 2009. Le terme prostitueur a l'avantage de montrer que le «client» *prostitue* autrui.

point de vue libéral, la force de travail est «libre» et le salariat est un choix. Toutefois, en même temps, on prétend que ce sont les plus compétents et brillants qui deviennent les dirigeants économiques du monde, les autres devant se résigner à vendre la seule chose qu'ils possèdent : leur capacité de travail. En fait, la notion de libre choix renvoie au libéralisme, non à la liberté ; parce que la liberté réside aussi dans le refus et dans la capacité de ne pas se soumettre

La vente d'organes telle qu'elle existe légalement ou illégalement en Asie du Sud-Est présente un visage analogue à celui de la prostitution. Pourquoi retrouve-t-on toujours les mêmes profils socioéconomiques de chaque côté de la relation marchande ? C'est-à-dire de riches occidentaux acheteurs d'organes d'un côté et de pauvres paysans locaux (ou ouvriers) vendeurs de l'autre ? On le comprend facilement, c'est l'inégalité du rapport qui rend l'échange possible. Un riche n'a aucune raison d'aller vendre un de ses reins, surtout à un indigent sans le sou.

Il y a trois autres erreurs dans l'énoncé «La prostitution est une opération commerciale entre deux adultes consentants».

Premièrement, il oublie celui qui organise, profite de la prostitution d'autrui ou joue le rôle d'entremetteur, c'est-à-dire le proxénète. La prostitution est une industrie hiérarchisée largement dominée par le proxénétisme : de 85 % à 90 % des personnes prostituées sont sous la coupe d'un proxénète ou d'un réseau de proxénètes[10]. Aujourd'hui, ce sont surtout les personnes prostituées sur le trottoir qui n'ont pas de proxénètes (sauf les victimes de la traite), tout simplement parce qu'elles ne sont pas suffisamment rentables à cause de leur assuétude aux drogues dures. De plus, elles sont considérées dangereuses par les proxénètes qui ne peuvent leur faire confiance.

Deuxièmement, il fait l'impasse sur la prostitution des enfants et sur l'âge de recrutement dans la prostitution, qui est très jeune au Canada et qui est encore plus jeune dans les pays du Sud, ce qui attire les touristes sexuels. La tendance est à la prostitution d'enfants de plus en plus jeunes[11]. « Depuis les années 1980-1990, on assiste à un rajeunissement des prostituées », constate Max Chaleil[12], ce que confirme l'Organisation internationale pour les migrations (OIM) : « De nos jours, les victimes sont plus jeunes

10. Sur cette donnée, voir entre autres Max Chaleil, *Prostitution. Le désir mystifié*, Paris, Parangon, 2002, E. Giobbe, M. Harrigan, J. Ryan et D. Gamache, *Prostitution. A Matter of Violence against Women*, Minneapolis, Whisper, 1990 et Susan Kay Hunter, « Prostitution is cruelty and abuse to women and children », *Michigan Journal of Gender and Law*, n° 1, 1999, p. 1-14.

11. Il y a plusieurs raisons à cela. Nous les avons exposées dans *Les enfants prostitués, op. cit.*, et *Sexualisation précoce et pornographie*, Paris, La Dispute, 2009. Entre autres, les moindres risques d'exposition à des infections transmises sexuellement.

12. Chaleil, *op. cit.*, p. 59.

qu'auparavant et les enfants sont de plus en plus présents dans le processus[13]. »

Troisièmement, ce n'est pas qu'une simple opération commerciale entre une vendeuse et un acheteur de « services sexuels ». La marchandisation sexuelle (ce qu'est la prostitution) a pour but la satisfaction des plaisirs sexuels d'autrui. C'est un acte d'aliénation et d'objectivation sexuelle, donc de soumission. Celui qui donne l'argent a un avantage constant sur celui qui donne la marchandise, ce qui, selon Georg Simmel, accorde à l'homme une formidable prépondérance dans la prostitution [14]. L'argent est le nœud des choses ; il lie et soumet la personne prostituée au prostitueur et au proxénète, tout en rendant le rapport impersonnel et réifié. Pour le rappeler dans les mots de Simmel, l'argent créé des relations qui n'existeraient pas sans lui, mais, en plus de cela, il est une forme de pouvoir social qui permet d'imposer une volonté à ceux qui n'ont pas les moyens de la refuser. Cela explique pourquoi l'exploitation a autant marqué l'histoire des relations marchandes.

La mondialisation de la prostitution a créé un vaste marché d'échanges sexuels, où des millions de femmes et de fillettes sont transmutées en

---

13. IOM, *Trafficking in Persons : IOM Strategy and Activities*, MC/ INF/270, Eighty-six Session, 11 November 2003.
14. Georg Simmel, *Philosophie de l'amour*, Paris, Rivages, 1988 [1892], p. 77.

marchandises à caractère sexuel. Cette industrie est désormais une grande puissance économique. Elle constitue 5 % du produit intérieur brut des Pays-Bas[15], 4,5 % en Corée du Sud[16], 3 % au Japon[17], peut-être 6 % en Chine populaire[18] et, en 1998, la prostitution représentait de 2 % à 14 % de l'ensemble des activités économiques de l'Indonésie, de la Malaisie, des Philippines et de la Thaïlande[19].

La prostitution est considérée par de nombreux pays comme un moyen de développement économique[20], ce que relayent plusieurs organisations

---

15. Sabine Dusch, *Le trafic d'êtres humains*, Paris, Presses universitaires de France, 2002.

16. Conseil économique et social, Nations unies, *Compte rendu analytique de la 14ᵉ séance: Republic of Korea*, 18/05/2001. E/C.12/2001/SR.14 (Summary Record), 18 mai 2001.

17. Steve Kirby, « Asie-sida-société, la menace du sida en Asie aggravée par la banalisation de la prostitution », *Agence France-Presse*, 13 août 2001.

18. Les données officielles estiment à trois millions le nombre de femmes prostituées en Chine, un rapport du gouvernement américain les situe à 10 millions et, selon un économiste chinois, Yang Fan, elles seraient aux alentours de 20 millions, ce qui représenterait 6 % du produit intérieur brut. Teresa M. Bentor, « Chine : la prostitution à tous les coins de rues », *Chine Information*, 28 décembre 2008.

19. Lin Lean Lim, *The Sex Sector. The Economic and Social Bases of Prostitution in Southeast Asia*, Geneva, ILO, 1998.

20. Certains représentants gouvernementaux thaïlandais ont parlé de « sacrifier une génération de femmes » au profit du développement économique. Au Cameroun, en 2006, un personnage officiel a expliqué à la radio qu'il fallait « encourager l'industrie nationale de la prostitution pour favoriser

internationales. Ainsi, le Fonds monétaire international (FMI) et la Banque mondiale incitent les gouvernements des pays de la périphérie capitaliste à développer leur industrie du tourisme et de divertissement, source de devises fortes servant à rembourser la dette contractée auprès des deux organisations[21]. Dans tous les cas, l'industrie de la prostitution connaît une croissance importante en faveur des touristes sexuels et la traite s'y développe fatalement de façon considérable, tout en affectant des personnes de plus en plus jeunes. Un million de personnes en provenance du sud de la Chine, du Myanmar, du Cambodge, du Vietnam, du Laos, mais aussi de Russie et d'ailleurs auraient été victimes de la traite à des fins de prostitution en Thaïlande. Quelque 30 % des personnes prostituées victimes de la traite interrégionale (région du Mékong) auraient moins de 18 ans et 75 % auraient été prostituées dans leur pays d'origine ou de transit avant d'avoir 18 ans[22].

---

le développement d'un tourisme durable ». Cité dans Franck Michel, *Voyage au bout du sexe. Trafics et tourismes sexuels en Asie et ailleurs*, Québec, PUL, 2006.

21. Depuis la crise de l'endettement des pays du Sud au début des années 1980, la promotion du tourisme comme secteur d'exportation ou pourvoyeur de devises étrangères est souvent un élément essentiel des mesures d'ajustement structurel prescrites par le FMI aux pays pauvres et très endettés. La Banque mondiale et ses filiales octroient une « aide » dédiée à des projets de tourisme dans 60 pays.

22. Pour les sources, voir Poulin, *Enfances dévastées, op. cit.*, p. 37-41.

Les belles philosophies voulant que tout contrat soit légitimé par l'égalité des acteurs qui se rencontrent se trouvent souvent déshonorées par les faits. Dans la réalité, des rapports de forces prévalent indépendamment de l'égalité théorique des gens. Toxicomanie, violence, indigence, traite, domination, exploitation sont les caractéristiques récurrentes de l'univers de la prostitution, et cela à un point tel qu'il vaut mieux dire que les gens *sont* prostitués et non pas qu'ils *se* prostituent.

3. « La prostitution est un travail comme un autre »

La prostitution est perçue par certains comme une opportunité économique pour les femmes et même comme un travail plus avantageux qu'un autre, non seulement plus rémunérateur, mais également comme l'un des rares lieux où s'exerce un «pouvoir féminin[23]». Puisque la prostitution est un travail comme un autre, il devrait être décriminalisé ou légalisé.

---

23. Dans cette perspective, voir, entre autres, D. Brock, *Making Work, Making Trouble : Prostitution as a Social Problem*, Toronto, University of Toronto Press, 1998 ; L. A. Jeffrey et G. MacDonald, *Sex Workers in the Maritimes Talk Back*, Vancouver, UBC Press, 2007 et, plus récemment, C. Parent, C. Bruckert, P. Corriveau, M.N. Mensah et L. Toupin, *Mais oui c'est un travail. Penser le travail du sexe au-delà de la victimisation*, Québec, PUQ, 2010.

Cette assimilation des prostituées aux travailleuses non-prostituées pose plusieurs problèmes :

1. La majorité des travailleuses non-prostituées n'ont pas été victimes d'inceste ou d'abus sexuel dans leur enfance. Or, les taux d'agression sexuelle dans l'enfance subie par les personnes prostituées sont très élevés. Judith Trinquart précise qu'en France on « recense entre 80 % et 95 % d'antécédents de violences sexuelles chez les personnes prostituées originaires du pays[24] ». D'après l'enquête menée dans la ville de Québec par l'anthropologue Rose Dufour, 85 % des femmes prostituées ont subi des agressions sexuelles dans leur enfance[25]. Selon une autre enquête menée à Vancouver, 82 % des femmes prostituées ont été victimes d'agressions sexuelles dans leur enfance[26]. Une recherche réalisée à Calgary, a révélé que 82 % des femmes prostituées interviewées avaient été «agressées sexuellement»

24. Judith Trinquart, *La décorporalisation dans la pratique prostitutionnelle : un obstacle majeur à l'accès aux soins*, Paris, Thèse de doctorat d'État de médecine générale, 2002.

25. Rose Dufour, *Je vous salue... Le point zéro de la prostitution*, Sainte-Foy, Multimondes, 2005.

26. Melissa Farley et Jacqueline Lynne, « Prostitution in Vancouver : Pimping women and the colonization of First Nations women», Christine Stark et Rebecca Whisnant (dir.), *Not for Sale. Feminists Resisting Prostitution and Pornography*, North Melbourne, Spinifex, 2004, p. 106-130.

avant d'intégrer la prostitution[27]. Nombreux sont les jeunes qui fuient le foyer parental pour échapper aux agressions sexuelles. Les jeunes fugueuses sont repérées et recrutées par les proxénètes, comme le montrent les études sur les « réseaux sexuels ». Ce n'est donc pas surprenant que l'âge moyen de recrutement dans la prostitution, pour des pays capitalistes développés comme le Canada, tourne autour de 14 ou 15 ans.

2. Les travailleuses non-prostituées ne risquent pas quotidiennement d'être contaminées par des infections transmises sexuellement (ITS) ou par le virus du sida à la suite de rapports non protégés, lesquels sont demandés fréquemment (et payés plus cher) par les prostitueurs.

3. Les travailleuses non-prostituées gardent pour elles l'argent qu'elles gagnent. Or, la majorité des femmes prostituées donnent au moins la moitié, sinon davantage, de leurs gains aux proxénètes qui les exploitent, du maquereau au tenancier du bordel, en passant par le propriétaire de l'agence d'escortes ou du salon de massage[28].

---

27. Susan McIntyre, « The youngest profession, the oldest oppression : A study of sex work », dans C. Bagley et K. Mallick (dir.), *Child Sexual Abuse and Adult Offender. New Theory and Research*, Londres, Ashgate, 1999.

28. Pour le Canada, voir Poulin, *Enfances dévastées, op. cit.*, p. 192 ; voir également Élisabeth Coquart et Philippe Huet, *Le livre noir de la prostitution*, Paris, Albin Michel, 2000.

4. La majorité des travailleuses non-prostituées ne veulent pas changer de travail aussi rapidement que possible. Selon une enquête faite auprès de 500 femmes prostituées dans 5 pays, 92 % d'entre elles souhaitaient échapper immédiatement à la prostitution si elles en avaient la possibilité économique[29].

5. La prostitution est une activité à haut risque. Les femmes prostituées des Prairies ont subi des taux élevés de violence. Quelque 97 % d'entre elles ont fait état de la violence des prostitueurs. Elles ont vécu, en grande majorité, de nombreux actes portant atteinte à leur intégrité physique et psychologique : viol, viol collectif, viol sous la menace d'une arme à feu ; elles ont été battues, étranglées, poignardées, enlevées, torturées, etc. Ces violences ont souvent nécessité l'hospitalisation : points de suture, fausses couches, paralysie, fractures, etc.[30] À Calgary, 82 % des mineures

---

29. Melissa Farley, Ann Cotton, Jacqueline Lynne, Sybille Zumbeck, Frida Spiwack, Maria E. Reyes, Dinorah Alvarez et Ufuk Sezgin, « Prostitution in nine countries : An update on violence and post-traumatic stress disorder », dans Melissa Farley (dir.), *Prostitution, Trafficking and Traumatic Stress*, Binghamton, The Haworth Press, 2003, p. 33-74.

30. K. Busby, P. Downe, K. Gorkoff, K. Nixon, L. Tutty et J. Ursel, « Examination of innovative programming for children and youth involved in prostitution », dans H. Berman et Y. Jiwani (ed.), *In the Best Interests of the Girl Child*, London, The Alliance of Five Research Centres on Violence, 2002, p. 89-113.

prostituées ont signalé avoir subi des actes de violence de la part des prostitueurs. Nombre de ces jeunes ont craint l'assassinat[31]. Cette crainte est fondée. De 1992 à 2004, il y a eu 171 meurtres de femmes prostituées au Canada qui ont été officiellement comptabilisés[32]. Les « disparitions » de filles et de femmes prostituées se comptent en centaines au Canada, plus de 500[33]. Le phénomène de la violence quotidienne dans la prostitution est structurel. Toutes les enquêtes dans les pays capitalistes dominants l'attestent. Une étude sur les personnes prostituées de rue en Angleterre établit que 87 % d'entre elles ont été victimes de violence au cours des douze mois précédents[34]. Une recherche menée à Chicago a montré que 21,4 % des femmes exerçant des activités d'escortes ont été violées plus de dix fois[35]. Une étude américaine menée à Minneapolis montre que

31. Susan, McIntyre, *Le long parcours*, Ottawa, ministère de la Justice, 2002, p. 31.
32. Et 50 aux Pays-Bas. Richard Poulin et Yanick Dulong, *Les meurtres en série et de masse, dynamique sociale et politique*, Montréal, Sisyphe, 2009, p. 47-50.
33. Richard Poulin et Yanick Dulong, *Meurtres en série et de masse. Dynamique sociale et politique*, Montréal, Sisyphe, 2010, p. 47-50.
34. Jody Miller, « Gender and power on the streets : Street prostitution in the era of crack cocaine », *Journal of Contemporary Ethnography*, vol. 23, n° 4, 1995, p. 427-452.
35. Jody Raphael et Deborah L. Shapiro, *Sisters Speak Out : The Lives and Needs of Prostituted Women in Chicago*, Chicago, Center for Impact Research, 2002, p. 5.

78 % des personnes prostituées ont été victimes de viol par des proxénètes et des clients, en moyenne 49 fois par année ; 49 % ont été victimes d'enlèvement et transportées d'un État à un autre et 27 % ont été mutilées[36]. Quelque 90 % des personnes prostituées de Vancouver ont été physiquement agressées et 72 % ont été violées par les prostitueurs[37]. Une étude canadienne estimait que les personnes en situation de prostitution au Canada étaient de 60 à 120 fois plus souvent agressées physiquement et victimes d'assassinat que toute personne d'autres groupes sociaux[38].

6. Les travailleuses non-prostituées ne commencent pas à travailler à 14 ou 15 ans, âge moyen de l'entrée dans la prostitution. La personne prostituée mineure recrutée dans la prostitution ne fait pas un libre choix de carrière à 18 ans, elle continue à être exploitée par les proxénètes et les prostitueurs.

7. La majorité des travailleuses non-prostituées ne souffrent pas de syndrome de stress post-traumatique (SSPT), c'est-à-dire un ensemble de symptômes – anxiété, dépression, insomnies,

---

36. Janice Raymond, *Health Effects of Prostitution*, University of Rhode Island, The Coalition against Trafficking in Women, 1999, http://www.uri.edu/artsci/wms/hughes/mhvhealt.htm.

37. Farley et Lynne, *op. cit.*

38. John Lowman, « Victims and the outlaw status of (street) prostitution in Canada », *Violence against Women : An International and Interdisciplinary Journal*, vol. 6, n° 9, 2000, p. 987-1011.

cauchemars récurrents, dissociation psychique et émotive, pulsions suicidaires, troubles sexuels, etc. – qui affecte aussi bien les anciens combattants, les victimes de torture, de viol, les femmes battues que les personnes prostituées. Selon une enquête menée à Vancouver, 67 % des femmes prostituées en souffrent[39]. *La prostitution, qu'elle soit légalisée ou non, est intrinsèquement traumatisante.*

8. Les travailleuses non-prostituées n'ont pas besoin d'utiliser des drogues ou de l'alcool pour effectuer quotidiennement leur travail. Beaucoup de personnes prostituées sont toxicomanes et l'utilisation fréquente de médicaments ou d'alcool pour se désensibiliser est courante[40].

9. Les travailleuses non-prostituées n'ont pas besoin de cacher leur « métier » à leurs enfants et à leur entourage.

10. Les travailleuses sont employées par des entreprises qui, en général, respectent les lois. La majorité des femmes prostituées sont actives dans des milieux contrôlés par le crime organisé.

11. La majorité des travailleuses résident légalement dans le pays où elles travaillent et leur passeport ne leur est pas confisqué par leur patron. Quelque 80 % des femmes prostituées aux Pays-Bas sont d'origine étrangère et 70 % d'entre elles sont sans

---

39. Farley et Lynne, *op. cit.*
40. Quelque 82 % femmes prostituées de Vancouver ont souligné avoir besoin d'un traitement en désintoxication (drogue ou alcool). Farley et Lynne, *op. cit.*, p. 117.

papiers. Les proportions sont similaires dans les pays qui ont légalisé le proxénétisme et réglementé la prostitution dans des maisons closes et des zones de tolérance, malgré quelques légères variations, c'est-à-dire en Allemagne, en Autriche, en Suisse, en Grèce, dans plusieurs provinces et un territoire en Australie[41].

12. Les travailleuses non-prostituées ne sont pas régulièrement agressées, violées, insultées et humiliées par leurs clients. Les clients des travailleuses ne leur jettent pas leur salaire par terre pour les humilier.

13. Les travailleuses non-prostituées ne se recrutent pas presque uniquement parmi les catégories sociales les plus défavorisées de la population locale ou étrangère.

14. Les travailleuses non-prostituées ne vont pas au travail avec la peur au ventre – peur d'être agressée, violée, arrêtée, volée, contaminée.

15. Les travailleuses utilisent leur force physique ou leur intellect pour accomplir une tâche, elles n'obtiennent pas leurs revenus de la location de trois de leurs orifices à des pénis. Une travailleuse vend la capacité de travail de ses bras et de son cerveau, elle ne vend pas ses bras ni son cerveau.

16. Les travailleuses non-prostituées entreprennent une relation sexuelle pour leur propre plaisir.

---

41. Sur ces données, voir Richard Poulin, *La mondialisation des industries du sexe*, Ottawa, L'Interligne, 2004.

Pour une personne prostituée, qui subit plusieurs pénétrations non désirées par jour, la notion de plaisir sexuel pour elles-mêmes n'a pas de sens.

17. Les travailleuses non-prostituées ne sont pas injuriées («sale pute») et rabaissées constamment.

18. Les travailleuses ne sont pas vendues comme du bétail par leur patron à d'autres patrons et n'ont pas à rembourser la soi-disant dette de cette revente.

4. « La légalisation / décriminalisation élimine la violence qui existe dans le monde de la prostitution »

En Zambie, en Thaïlande, en Turquie et en Afrique du Sud, de 55 % à 82 % des personnes prostituées ont déclaré avoir subi des agressions physiques et de 50 % à 78 % ont déclaré avoir été violées par un prostitueur[42]. En Allemagne, en Colombie et au Mexique, de 59 % à 70 % des femmes prostituées ont été physiquement violentées ; de 46 % à 63 % ont été violées[43]. Dans tous les cas, la violence physique et

---

42. Melissa Farley, Isin Baral, Merab Kiremire et Ufuk Sezgin, *op. cit.*

43. Melissa Farley, Ann Cotton, Jacqueline Lynne, Sybille Zumbeck, Frida Spiwack, Maria E. Reyes, Dinorah Alvarez et Ufuk Sezgin, «Prostitution in nine countries : An update on violence and post-traumatic stress disorder», dans Melissa Farley (dir.), *Prostitution, Trafficking and Traumatic Stress,* Binghamton, The Haworth Press, 2003, p. 33-74.

sexuelle est importante quel que soit le régime juridique encadrant la prostitution[44], que les femmes prostituées soient clandestines ou non, sur le trottoir ou non, en bordels licenciés ou non. C'est une fiction de croire que la légalisation ou la décriminalisation est un facteur de sécurisation des personnes prostituées. Car cela ne remet pas en cause l'un des fondements de la violence dans la prostitution : le déséquilibre de pouvoir fondamental entre le prostitueur et la personne prostituée et entre le proxénète et sa « propriété ». Au contraire, en légalisant le proxénétisme et l'accès des prostitueurs aux personnes prostituées, l'État officialise la domination d'un sexe par un autre, ce qui confère aux hommes un pouvoir légitime incommensurable. Puisque le contrôle proxénète s'en trouve renforcé, l'impunité des prostitueurs accrue, et ce dans le contexte d'une plus grande indifférence sociale, la légalisation / décriminalisation de la prostitution concourt à une détérioration de la sécurité des personnes prostituées en induisant notamment une « concurrence » exacerbée sur les marchés du sexe. Les personnes prostituées étrangères qui arrivent massivement sur le marché « cassent » les prix et prennent plus de risques.

---

44. La Thaïlande est prohibitionniste, malgré qu'elle soit l'un des sites privilégiés du tourisme sexuel mondial ; en Turquie, les bordels (*genelev*) sont régis par le gouvernement ; l'Allemagne et le Mexique sont réglementaristes ; la prostitution est illégale en Afrique du Sud et en Colombie ; en Zambie, il n'y a pas de lois précises concernant la prostitution.

Pour prouver qu'une légalisation ou qu'une décriminalisation de la prostitution permettrait aux femmes de vivre dans un environnement plus sécuritaire, il faudrait démontrer que les violences subies par les femmes prostituées : 1) sont liées au régime juridique et ne découlent pas de la violence masculine ; 2) résultent pour l'essentiel de la prostitution de rue. En effet, les promoteurs de la décriminalisation de la prostitution soutiennent que la prostitution en appartements, en bordels, en agences d'escortes, dans les salons de massage, etc., est plus sécuritaire que celle qui s'exerce dans la rue. Or, au Québec, des 29 femmes prostituées ou associées à la prostitution assassinées de 1989 à 2008, 19, soit 66 %, n'exerçaient pas une activité prostitutionnelle sur le trottoir au moment du meurtre. Plusieurs étaient au service d'agences d'escortes, recevaient des prostitueurs dans leurs appartements ou encore se rendaient à leur domicile. Certaines ont été tuées par des prostitueurs, d'autres par des proxénètes. Certaines ont été assassinées par leur partenaire sexuel, d'autres par des inconnus lors d'un règlement de compte (crime organisé). Il est donc abusif de prétendre que la décriminalisation de la prostitution en bordels et dans d'autres lieux similaires garantit la sécurité ou élimine la violence.

Si l'on examine le problème d'une façon comparative, on peut douter que le régime juridique exerce l'influence qu'on lui prête. Le routier Eckert Volker, surnommé le tueur au Polaroid parce qu'il conservait dans la cabine de son camion des photographies de ses victimes, se serait attaqué à 23 femmes, majoritairement des prostituées. Il a semé la mort dans plusieurs pays européens, dont en Espagne où le proxénétisme est légal, en Allemagne où l'on a légalisé le proxénétisme et la prostitution en bordel en 2002 (pratiques qui, avant la légalisation, étaient toutefois largement tolérées), en France et possiblement en Italie. Un autre tueur, Jack Unterweger, a sillonné l'Europe, le Canada et les États-Unis. Après son extradition des États-Unis, où il a tué trois femmes prostituées, on l'a accusé, en Autriche, de 11 meurtres de femmes prostituées, dont 10 dans ce pays et un autre en Tchécoslovaquie, et on l'a condamné pour neuf. Or, en Autriche, la prostitution en bordels est légale depuis le XIXe siècle et la prostitution de rue est interdite.

La violence sexuelle à l'encontre des femmes engagées dans la prostitution découle de la structure même de cette industrie et des rapports sociaux qui la sous-tendent. La haine que des hommes éprouvent pour les femmes, et plus particulièrement pour celles qui sont prostituées, reste la cause des meurtres, quel que soit le régime juridique encadrant la prostitution, que l'activité soit en bordels, en appartements, sur le trottoir, dans des agences d'escortes, des bars à hôtesses ou des salons de massage.

5. « La légalisation / décriminalisation de la prostitution permet de supprimer le contrôle que détient le crime organisé sur l'industrie du sexe »

Les industries du sexe sont largement contrôlées par le crime organisé. S'il en est ainsi, ce n'est pas parce que la prostitution est illégale ou prohibée. Dans les pays où la prostitution est règlementée – Allemagne, plusieurs provinces et un territoire d'Australie, Autriche, Grèce, Hongrie, Nevada (États-Unis), Nouvelle-Zélande, Pays-Bas, Suisse, Turquie – ou dans les pays qui la reconnaissent comme une industrie vitale à l'économie nationale – Philippines, Thaïlande, etc. –, le rôle du crime organisé reste fondamental dans l'organisation des marchés[45]. Toutefois, la réglementation de la prostitution dans plusieurs pays capitalistes dominants en Europe de l'Ouest et dans le Pacifique Sud a offert aux criminels des occasions de loin supérieures à celles qui préva-laient antérieurement pour rendre licites leurs acti-vités. Elle a en outre permis de les légitimer comme des hommes d'affaires respectables, eux qui aupara-vant étaient considérés dans la loi comme des

---

45. Voir, entre autres, Budapest Group, *The Relationship between Organized Crime and Trafficking in Aliens*, Austria, IOM Policy Development, 1999 ; Sheila Jeffreys, *The Industrial Vagina. The Political Economy of the Global Sex Trade*, New York, Routledge, 2009 ; Richard Poulin, *La mondialisation des in-dustries du sexe, op. cit.*

proxénètes, donc des criminels, leur conférant ainsi une influence économique, sociale et politique inégalée ainsi qu'un pouvoir de corruption accru.

Les Pays-Bas avaient évoqué, parmi les raisons pour légaliser la prostitution en bordels et dans des zones de tolérance, la nécessité d'éradiquer le contrôle du crime organisé sur l'industrie. Toutefois, les autorités municipales d'Amsterdam, après enquête, ont conclu que la situation s'était dégradée à la suite de la légalisation du proxénétisme et de la prostitution en bordels et dans des zones de tolérance. «On a réalisé que ce n'était plus de petits entrepreneurs, mais d'importantes organisations criminelles engagées dans la traite des femmes, le trafic de drogues, les meurtres et les autres activités illicites», a déclaré Job Cohen, le maire de la ville[46]. La municipalité a adopté une série de mesures pour changer la vocation du célèbre quartier rouge de la ville. Selon les données de la municipalité, il y avait 142 bordels dans la ville, avec quelque 500 vitrines; une bonne partie des bordels licenciés exploitaient des femmes «immigrantes» illégales, c'est-à-dire victimes de la traite criminelle à des fins de prostitution.

L'argument selon lequel la légalisation devait supprimer les éléments criminels de l'industrie du sexe par un contrôle strict s'est donc révélé faux. Le

---

46. Marlise Simons, «Mannequins: A change for Amsterdam sex district», *International Herald Tribune*, 24 février 2008.

véritable développement de la prostitution en
Australie, depuis l'entrée en vigueur de la légalisation, s'est produit dans le secteur illégal. Depuis le
début de la légalisation, le nombre de maisons closes
a triplé et leur taille a augmenté – l'immense majorité de celles-ci n'ayant pas d'autorisation, mais faisant leur propre publicité et opérant en toute
impunité. En 1999, le nombre de maisons closes à
Sydney a progressé de manière exponentielle, attei-
gnant 400 ou 500. La plupart n'ont pas d'autorisation
légale[47].

6. « La légalisation / décriminalisation de la prostitution diminue la prostitution clandestine, souterraine, illégale et celle sur la voie publique »

En Europe occidentale, surtout depuis la légalisation
de la prostitution dans plusieurs pays, l'industrie de
la prostitution a explosé. Dans ces pays, les personnes prostituées qui s'enregistrent sont très
minoritaires : de 4 % à 10 % aux Pays-Bas, environ
1 % en Allemagne, de 6 % à 10 % à Vienne (Autriche)
et 7 % à Athènes (Grèce). Les autres refusent d'intégrer le système, quitte à renoncer aux droits sociaux
rattachés à l'enregistrement. Une raison simple

---

47. Mary L. Sullivan, *Making Sex Work : A Failed Experiment with Legalised Prostitution*, North Melbourne, Spinifex, 2007.

motive ce refus. Elle tient au fait que, puisque leurs revenus sont déjà largement accaparés par les proxénètes, qui les ont introduites dans une vitrine ou dans un *eros center*, et par les tenanciers des bordels, si en plus elles payent des impôts et cotisent, que leur restera-t-il? Des dettes?

La légalisation devait amener les prostituées à quitter la voie publique. Bon nombre d'entre elles ne veulent pas se faire enregistrer ni subir des examens médicaux, comme la loi l'exige dans certains pays ayant légalisé la prostitution. Par conséquent, cette légalisation les mène souvent à être actives sur la voie publique. Beaucoup de femmes préfèrent la prostitution de rue car elles veulent éviter d'être contrôlées et exploitées par les nouveaux «hommes d'affaires» du sexe. De plus, comme la majorité des personnes prostituées sont clandestines, souvent sans papiers (70% aux Pays-Bas), originaires de l'étranger, victimes de la traite à des fins de prostitution, la question de l'inscription ne se pose même pas.

Les proxénètes néerlandais ont fait littéralement exploser le marché de la prostitution aux Pays-Bas, transformant un petit marché local en un centre important de prostitution internationale et de tourisme sexuel: il y avait 2 500 personnes prostituées en 1981 et environ 30 000 en 2004[48]. Dans ce pays comme dans les autres pays réglementaristes, la

---

48. Matiada Ngalikpima, *op. cit.*

majorité des personnes prostituées sont hors la loi. L'année suivant la légalisation de la prostitution en bordels aux Pays-Bas, l'industrie a connu une croissance de 25 %, ce qui a engendré une pénurie de « main-d'œuvre » locale. Autrement dit, les proxénètes n'arrivaient plus à recruter suffisamment au niveau local. Avec cette explosion de l'industrie de la prostitution, la traite à des fins de prostitution s'est intensifiée. Proies des trafiquants, de nombreuses jeunes femmes et enfants quittent clandestinement la Bulgarie, la Roumanie, l'Ukraine, la République tchèque, la Slovaquie, la Hongrie et les Balkans pour se rendre en Europe occidentale. Aux Pays-Bas, en Allemagne et en Autriche, respectivement 80 %, 75 % et 90 % des personnes prostituées sont d'origine étrangère, victimes de la traite des humains à des fins de prostitution.

7. « La légalisation de la prostitution et la décriminalisation de l'industrie du sexe diminuent la prostitution des mineurs »

Un des autres arguments avancés pour légaliser la prostitution aux Pays-Bas était que cela permettrait d'éradiquer la prostitution des mineurs. En pratique, cependant, la prostitution des enfants a progressé de façon dramatique. L'Organisation pour les droits des enfants, dont le siège est à Amsterdam, estime que le nombre de mineurs prostitués est passé de

4 000 en 1996 à 15 000 en 2001. Ce groupe indique qu'au moins 5 000 mineurs sont d'origine étrangère, avec une grande proportion de filles du Nigeria[49].

La prostitution enfantine a augmenté de façon importante dans l'État de Victoria par rapport aux autres États australiens où la prostitution n'a pas été légalisée[50].

À l'échelle mondiale, l'offre sexuelle d'enfants est désormais pléthorique. Elle suit une courbe ascendante connectée à l'expansion des industries du sexe. Plus les industries du sexe accroissent leurs activités, plus les personnes qui y sont exploitées sont jeunes, qu'elles soient recrutées à l'étranger, donc victimes de la traite à des fins de prostitution et de pornographie, ou localement.

Les jeunes et les enfants sont la cible de prédilection des proxénètes trafiquants. Les enfants ont plusieurs avantages dont, entre autres, le fait qu'ils sont moins susceptibles d'avoir une infection sexuellement transmissible, d'où leur attrait particulier en ces temps de sida. Au Sri Lanka, sur 100 enfants d'une école, 86 avaient eu une expérience sexuelle à l'âge de 12 ou 13 ans avec un touriste étranger[51]. L'association anglaise Save the Children précise que de nombreux prostitueurs « recherchent des filles et

---

49. Chaleil, *op. cit.*

50. Sullivan, *op. cit.*, ainsi que Jeffreys, *The Industrial Vagina*, *op. cit.*

51. Béatrice Dehais, « Mondialisation, les dégâts du tourisme », *Alternatives économiques*, n° 194, juillet-août 2001, p. 42-51.

des garçons de plus en plus jeunes, souvent vierges, et qui ont moins de risques d'avoir contracté le virus du sida ». Certains réseaux de prostitution infantile se targuent « de disposer d'enfants testés et déclarés séronégatifs ».

8. « Toutes les personnes prostituées souhaitent la légalisation ou la décriminalisation de l'industrie du sexe »

Plusieurs sont sensibles à l'argumentation d'organisations comme Stella, qui prétendent représenter les « travailleuses du sexe » et défendre leurs droits et leurs intérêts. Elles font la promotion de la décriminalisation de la prostitution et du proxénétisme, car, prétendent-elles, c'est ce que désirent les « travailleuses du sexe ». Or, de nombreuses associations et de nombreuses survivantes de la prostitution s'opposent à cette politique : l'Ex-Prostitutes against Legislated Sexual Servitude en Colombie-Britannique, une association des femmes autochtones de la même province, une association de lesbiennes de Vancouver, plusieurs centres d'aide et de lutte contre les agressions à caractère sexuel (CALACS) et leurs pendants canadiens, etc. Mais surtout, d'après une récente enquête menée à Vancouver, 95 % des personnes prostituées interviewées veulent quitter la prostitution et 68 % d'entre elles ne voient pas dans la légalisation ou la déréglementation libérale (décriminalisation) de la prostitution une solution à leurs problèmes, y compris ceux qui relèvent de leur sécurité physique et sexuelle[52]. Rappelons que c'est dans cette ville que le nombre de personnes prostituées disparues et assassinées est le plus élevé au Canada (l'affaire Pickton). En dépit du fait que les questions de sécurité sont très importantes pour elles, la légalisation de la prostitution ne semble pas, aux yeux de la majorité des premières concernées, la solution appropriée. Selon une enquête menée dans cinq pays, 92 % des femmes prostituées interrogées en Afrique du Sud, en Thaïlande, aux États-Unis, en Zambie et en Turquie affirmaient qu'elles désiraient quitter la prostitution. L'Organisation internationale du travail (OIT) arrive à un constat semblable. Elle signale que de nombreuses enquêtes menées dans des établissements de prostitution ont révélé « qu'une importante proportion des travailleurs qui s'y trouvent aimeraient quitter le métier s'ils le pouvaient[53] ».

Pour les personnes prostituées, la réalité fait qu'il est difficile de quitter la prostitution. Elles s'y essaient à plusieurs reprises, jusqu'à 15 fois pour certaines, selon une étude canadienne[54], avant de

---

52. Farley et Lynne, *op. cit.*, p. 117.
53. OIT, « Le commerce du sexe : les difficultés économiques et l'appât du gain favorisent l'essor de l'industrie du sexe », *Travail*, n° 26, septembre-octobre 1998, p. 5.
54. Susan McIntyre, *Le long parcours*, Ottawa, ministère de la Justice, 2002.

croire qu'elles ont abandonné définitivement cette vie, bien qu'elles ne soient jamais certaines si leur dernière passe était l'ultime passe. L'argent serait le principal motif du retour à la prostitution car, en l'absence de diplômes – puisque l'âge de recrutement tourne autour de 14 ou 15 ans, assez peu de personnes prostituées détiennent un diplôme d'études secondaires –, de compétences professionnelles ou techniques, les personnes qui n'ont connu que la prostitution expliquent avoir peu de choix devant elles. Sans services appropriés, notamment des structures d'accueil, quitter la prostitution n'est pas facile, les personnes prostituées se trouvent privées de soutien psychologique, financier, social, etc. Si la prostitution était un travail comme un autre, il n'y aurait pas de raisons de mettre en place des ressources pour les personnes qui veulent quitter la prostitution et échapper aux proxénètes et aux prostitueurs. C'est notamment le cas dans les pays réglementaristes qui considèrent la prostitution comme un travail comme un autre.

Au moment où régressent les services à la population et croissent les inégalités sociales, on assiste à un financement plus important des infrastructures répressives – armée, police et système carcéral – et à la normalisation de l'enfermement des femmes dans les lupanars et les zones de tolérance. Cela ne relève ni d'une contradiction ni d'un paradoxe, mais bien du fonctionnement intrinsèque du libéralisme dans sa forme classique. De plus en plus, comme au XIXe et au début du XXe siècle, les politiques libérales privilégient le contrôle des personnes prostituées, plutôt que d'investir dans des mesures qui leur permettraient de sortir de la prostitution. Aucune politique n'est mise en œuvre actuellement pour faire disparaître les conditions d'entrée dans la prostitution. Peu de pays offrent une vie alternative aux personnes prostituées. Peu de pays ont investi dans des refuges pour ces dernières. À l'ère néolibérale, la plupart des États limitent l'intervention sociale à la réduction des méfaits : ils investissent dans la distribution de seringues neuves et de préservatifs, etc., mais ne s'attaquent ni aux causes ni aux conséquences de la prostitution. De telles politiques forcent les personnes prostituées à rester dans la prostitution.

La marchandisation des corps et des sexes touche avant tout les plus vulnérables dans les sociétés. Elle a nettement un caractère de classe et un caractère ethnique. De ce fait, il paraît impossible de dissocier les questions que la prostitution soulève de celles de la pauvreté, des inégalités sociales, de l'exclusion, de la violence, notamment de la violence sexuelle, de la maltraitance, des classes sociales, des relations ethniques, du racisme, des rapports entre les pays du centre du capitalisme mondial et de ceux de la périphérie et, surtout, de l'oppression des femmes.

Pour aller plus loin

- Poulin, R., *Les enfants prostitués. L'exploitation sexuelle des enfants*, Paris, Imago, 2007, 208 p.
- Abysse Bjelinka et Swan Falandry, avec la collab. de Célhia de Lavarène et de Richard Poulin, *Exploitation sexuelle, crime sans frontières*, Paris, Les éditions du GIPF, 2009, 214 p.
- Poulin, R., *Enfances dévastées*, tome I. *L'enfer de la prostitution*, Ottawa, L'Interligne, 2007, 258 p.
- Poulin, R., *La mondialisation des industries du sexe*, Paris, Imago, 2005 et 2011, 248 p.

Quotient intellectuel et intelligence humaine

Serge Larivée

Serge Larivée a fait ses études doctorales aux universités de Genève et Lausanne. Il est professeur à l'École de psychoéducation de l'Université de Montréal depuis 1977 et directeur de la *Revue de psychoéducation* depuis 1979. Il est l'auteur de plus de 300 publications, principalement sur l'intelligence humaine. Ses recherches portent, depuis le début de sa carrière, sur les théories, le développement et la mesure de l'intelligence. Il s'intéresse en outre au fonctionnement de la science sous l'angle des fraudes scientifiques et des pseudosciences. Ses travaux à cet égard lui ont valu le prix Sceptique du Québec en 2002.

1. « On utilise 10 % de son cerveau[1] »

Un des mythes les plus tenaces de la « pop » psychologie concerne le « fait » que nous n'utiliserions que

---

[1]. Ce texte est basé sur l'article de S. Larivée, J. Baribeau et J.-F. Pflieger (2008). Qui utilise 10 % de son cerveau ?, *Revue de psychoéducation*, 37 (1), p. 117-142.

10 % de notre cerveau. Tel un iceberg dont une infime partie se laisse voir, 90 % de notre cerveau renfermerait des capacités extraordinaires qu'il nous appartiendrait de développer. Ce mythe est propagé principalement par les ouvrages reliés au courant de la pensée positive qui postule que, pour développer ses capacités au-delà de 10 %, il suffit de se persuader que tout individu possède un potentiel extraordinaire actualisable par la seule motivation.

Les origines du mythe

Sauf erreur, personne ne peut affirmer avec certitude connaître l'origine du mythe du 10 %, même s'il circule allègrement depuis plus de 100 ans. On l'a attribué entre autres à la phrénologie. D'autres l'attribuent à James, un important psychologue du XIXᵉ siècle. Selon Fellman et Fellman[2], il est peu probable, compte tenu de la formation scientifique de James, que celui-ci ait fait une telle affirmation *stricto sensu*. Par ailleurs, au cours des années 1920 et 1930, cherchant à localiser les souvenirs dans le cerveau, Lashley entraîne des rats à trouver leur voie dans des labyrinthes en vue d'observer comment ils

---

2. Fellman, A. et B. Fellman (1981). *Making sense of self : Medical advice literature in late Ninetieths Century America*. Philadelphia : University of Pennsylvania Press.

y parviennent après l'ablation d'une partie de leur cerveau. Dans une de ses expériences, Lashley a montré que, même après avoir perdu 58 % de leur cortex cérébral, les rats pouvaient encore faire des apprentissages simples. Ce résultat pouvait laisser entendre que de grandes régions du cerveau n'étaient pas utilisées. On prétend également que Einstein lui-même aurait contribué à conserver bien vivant le mythe du 10 % en déclarant de manière sarcastique à un journaliste que son génie provenait du fait qu'il utilisait plus que 10 % de son cerveau, anecdote qui n'a jamais pu être confirmée. Enfin, selon Feldmeyer[3], le mythe serait apparu entre les deux guerres mondiales. On découvrit alors que le cerveau comporte plus de cellules gliales que de neurones dans un rapport de 4 pour 1. Les journaux ont immédiatement titré : « Nous n'utilisons que 20 % de notre cerveau pour penser ! », ce qui est devenu rapidement : « Nous n'utilisons notre cerveau qu'à 20 % de sa capacité ».

Le mythe du 10 % à l'épreuve des connaissances neurobiologiques

On conviendra que l'affirmation « on n'utilise que 10 % de notre cerveau » implique qu'on sache, au moins approximativement, à quoi correspond 100 %

---

3. Feldmeyer, J.-J. (2006). *Le cerveau*. Paris : Le Cavalier bleu.

des capacités de celui-ci. En fait, l'utilisation de termes aussi flous que « pouvoirs mentaux ou cérébraux », « capacité mentale latente » ou « potentiel du cerveau » ne permet même pas d'appréhender ce qui est réellement désigné par « cerveau ». L'acception la plus répandue est que le cerveau est synonyme d'encéphale et comprend l'ensemble du système nerveux central situé à l'intérieur de la boîte crânienne.

À cet égard, le cerveau montre une grande variation de masse (entre 1 et 2 kg chez l'adulte normal), mais pèse en moyenne 1,4 kg chez l'homme et 1,2 kg chez la femme. Ce qui distingue particulièrement l'espèce humaine, c'est qu'elle possède un plus gros cerveau qu'on ne s'y attendrait chez un mammifère de taille ou de masse comparable, c'est-à-dire que son quotient d'encéphalisation est supérieur à celui de toutes les autres espèces. Envisager la sous-utilisation de notre cerveau sous l'angle de la masse signifie que, pour un cerveau moyen de 1,4 kg, seuls 140 g seraient utilisés (la masse moyenne d'un cerveau de mouton). Compte tenu des connaissances actuelles, cette manière d'envisager les choses fait problème sous au moins quatre angles : a) anatomique, b) physiologique, c) de la plasticité neurale, d) de l'évolution.

Premièrement, dans une *perspective anatomique*, si une forte proportion du cerveau restait inutilisée, comme le prétendent les tenants du mythe du 10 %, l'ablation d'une grande quantité de matière nerveuse ne devrait pas entraîner d'effets notables. Par exemple, on devrait s'attendre à ce qu'une lésion ou un accident qui abîmerait 50 % du cerveau ne porte pas à conséquence. Ce qu'on observe, au contraire, c'est que des lésions minimes peuvent entraîner de graves perturbations, tels des paralysies, des ataxies, des pertes sensorielles, l'affaiblissement de la capacité à ressentir des émotions, etc.

Deuxièmement, dans une *perspective physiologique,* si à peine 10 % du cerveau était utilisé, on devrait tenir celui-ci pour un organe métaboliquement peu actif. Or, bien que sa masse représente 2 % de la masse corporelle, le cerveau d'un adulte consomme environ 16 % des ressources énergétiques et 20 % de l'oxygène basal. Dans tous les cas, les techniques d'imagerie métabolique montrent que le cerveau est un organe énergivore. Évidemment, toutes les régions du cerveau ne sont pas aussi actives en même temps, comme il en est d'ailleurs des muscles du corps. Si certaines cellules ne sont activées que dans des conditions particulières, elles n'en demeurent pas moins fonctionnelles. En résumé, aucun indice d'électro-encéphalogramme ou d'imagerie ne soutient le mythe du 10 %.

Troisièmement, selon ce qu'on connaît de *la plasticité cérébrale,* on sait maintenant que la plupart des cérébrolésés peuvent recouvrer une partie de leurs capacités perdues grâce à la plasticité cérébrale. L'historique des découvertes de ces réorganisations fonctionnelles des processus cognitifs[4] montre l'existence de plusieurs processus compensatoires grâce auxquels le cerveau réorganise et réattribue les fonctions des cellules mortes à d'autres cellules déjà actives. Il n'y a rien de magique ou de miraculeux dans ce genre de rétablissement et, surtout, il ne s'agit aucunement ici du 90 % prétendument inutilisé du cerveau.

Pour leur part, les tenants du mythe évoquent une forme vague de plasticité en laissant sous-entendre la genèse ou la régénération de grandes masses de cellules corticales, un phénomène hypothétique et rarissime. Sauf erreur, ce phénomène se produirait exclusivement dans l'hippocampe chez l'humain. Au total, ces rares processus de neurogenèse ne peuvent soutenir l'idée selon laquelle 90 % du cerveau pourrait se régénérer et il semble impossible que 90 % du cerveau reste inutilisé, sans qu'il y ait dégénération notable et irréversible d'une telle masse prétendue inutile.

Quatrièmement, dans une *perspective évolutionniste,* hormis certains groupes religieux fondamentalistes, tout le monde accepte que le cerveau humain soit le produit de millions d'années d'évolution. Étant donné la nature plutôt conservatrice du phénomène de la sélection naturelle, il serait

---

4. Ces découvertes ont été résumées dans A. R. Luria (1973). *The working brain : An introduction to neuropsychology.* London, Allen Lane-Penguin.

pour le moins surprenant que l'évolution ait abouti à un organe inutilisé à 90 %. Pourquoi en effet la sélection naturelle aurait-elle débouché sur un triplement du cerveau en 2,6 millions d'années pour que, finalement, une infime partie soit efficace ? Comme les progrès évolutifs ont impliqué tous les modules du cerveau, ils n'ont pas pu laisser stagner 90 % de la masse cérébrale. À elle seule, l'évolution du langage a permis de décupler les capacités mentales[5]. Or, comme l'aptitude au langage est héréditairement présente chez tout être humain, aucun indice ne permet de croire que le langage comporterait un potentiel de capacité mentale qui stagnerait à 10 % arrivé à l'état de maturité.

Quelques raisons de la persistance du mythe du 10 %

La persistance du mythe du 10 % en l'absence de tout fondement scientifique ne manque pas de surprendre. Hormis l'utilisation du nom de scientifiques célèbres, au moins deux raisons expliquent partiellement son succès : les filières du « Nouvel Âge » et de la « pop » psychologie, et les individus affligés du « syndrome savant ».

---

5. Donald, M. (1991). *Origins of the modern mind : Three stages in the evolution of culture and cognition.* Cambridge, Mass. : Harvard University Press.

Les filières du « Nouvel Âge »
et de la « pop » psychologie

Les tenants du paranormal utilisent à qui mieux mieux le mythe du 10 % pour affirmer que les 90 % restants seraient une sorte de réserve inactive et inexploitée disponible pour le développement de toutes sortes de capacités comme la télépathie, la clairvoyance ou la télékinésie[6]. On oublie ici que, même si le mythe du 10 % était vrai, cela n'impliquerait pas *ipso facto* que le 90 % non utilisé relève de pouvoirs paranormaux. En fait, le mythe du 10 % est une croyance qui, en dehors de tout soutien empirique, est considérée comme vraie à force d'être répétée. Il suffit dès lors de répéter *ad nauseam* « comme tout le monde le sait » ou « comme on l'a bien démontré, on n'utilise que 10 % de notre cerveau ».

Dans la foulée de l'occultisme et des pseudosciences véhiculés par le mouvement Nouvel Âge, on peut penser que le chiffre 10 a quelque pouvoir attractif. En effet, selon les principes de la numérologie, les chiffres ont un pouvoir magique et le chiffre 10 a, de toute évidence, une signification particulière. N'a-t-on pas dix doigts, dix orteils ?

---

6. *Le secret* (Byrne, 2007), qui s'est vendu à des millions d'exemplaires, a poussé à son maximum cette idée sans aucun fondement et constitue à cet égard une des plus grandes escroqueries paranormales.

L'importance accordée aux multiples de dix dans l'évolution de la société est patente : pour qualifier une époque donnée, on parle des années 1920, 1940, 1960, 1970... comme si certains comportements étaient typiques desdites années. On a aussi les dix commandements, le «top 10» des meilleures chansons, des meilleurs films, des livres les plus vendus, des femmes les mieux habillées, etc. On a de la peine à s'imaginer que le mythe du 10% aurait une telle longévité si on avait au point de départ prétendu que les humains n'utilisent que 8% ou 17% de leur cerveau.

Les enfants atteints du «syndrome savant»

Quelques cas célèbres «d'autistes savants», popularisés par les médias, particulièrement au cinéma et à la télévision, ont pu contribuer au maintien du mythe du 10%. On se souviendra par exemple de la performance de Dustin Hoffman dans le rôle d'un autiste dans le film *Rain Man*.

Ces autistes savants, déficients intellectuels pour la plupart, ainsi que les personnes ayant un syndrome d'Asperger, présentent des aptitudes exceptionnelles et sont capables de performances éblouissantes, mais uniquement dans un domaine particulier comme le calcul mental, la musique, le dessin ou les capacités mnémoniques. Leurs performances exceptionnelles n'ont cependant rien à voir avec une utilisation maximale de leur intelligence. Il s'agit même plutôt du contraire. Les performances de ces autistes savants ne se manifestent en effet que « dans des domaines régis par des règles strictes, bien définies (réalisme visuel, piano tonal, calcul éclair et calcul calendaire)[7] ». Les autistes savants n'exploitent en fait que leur talent particulier. Bref, le syndrome « autiste savant » n'a rien à voir avec le génie, ni avec l'utilisation maximale du cerveau. Il s'agit plutôt du surdéveloppement d'une capacité isolée au détriment des autres.

Conclusion

Les connaissances actuelles en psychologie et en neurobiologie ne soutiennent en aucun cas l'idée que nous n'utiliserions que 10 % de notre cerveau. Les techniques d'enregistrement de l'activité cérébrale (électro-encéphalogramme, imagerie par résonance magnétique, etc.) montrent que notre cerveau fonctionne dans son intégralité, que tous nos neurones sont bien utilisés, même si ce n'est pas en même temps. Les tenants de la « pop » psychologie contribuent, consciemment ou non, à maintenir l'idée que tout est possible. Ils se croient dès lors justifiés de proposer au commun des mortels

---

7. Winner, E. (1996). *Surdoués. Mythes et réalités*. Paris, Aubier, p. 155.

des méthodes pour augmenter leur potentiel mental, dynamiser leur cerveau ou tout simplement le reprogrammer et même le rajeunir. Autrement dit, nous serions plus intelligents si nous utilisions notre cerveau à sa pleine capacité.

Se pose aussi la question éthique des conséquences négatives que la croyance au mythe du 10 % peut avoir chez des individus victimes d'un traumatisme craniocérébral, particulièrement lorsqu'il y a des séquelles neurophysiologiques et fonctionnelles importantes. Dans ce cas, les patients convaincus qu'ils utilisaient seulement 10 % de leur cerveau avant l'accident peuvent croire que le 90 % inutilisé permettra un rétablissement rapide. Ils seront alors aux prises avec la pénible réalité d'une longue réadaptation, la lenteur de leurs progrès risquant en outre de miner la relation de confiance avec leur thérapeute.

En bref, l'idée reçue du 10 % défendue sans relâche par le courant de la pensée positive et par les tenants de la parapsychologie se présente en réalité comme une allégorie du désir universel des humains d'être plus talentueux, plus prospères et plus puissants. L'affirmation qui veut qu'on utilise que 10 % de notre cerveau a beau être vide de sens, elle perdure en partie parce « qu'elle a une fausse saveur mathématique qui fait croire que nous avons effectivement mesuré quelque chose avec soin[8] ».

---

8. Barrette, C. (2000). *Le miroir du monde*. Québec, Éditions Multimondes, p. 303-304.

On pourrait croire également que cette idée reçue « persiste parce qu'elle nourrit l'espoir, légitime et probablement fondé, que nous pouvons nous améliorer [...], mais la voie pour y arriver ne passe pas par les mythes que nous prenons pour des vérités, mais par la qualité du milieu dans lequel l'organe sensible qu'est le cerveau humain, parti-culièrement celui de l'enfant, non seulement se remplit d'informations, mais se forme[9] ».

Pour aller plus loin

- Beyerstein, B. L. (1999). « Whence cometh the myth that we only use 10% of our brains? », dans J. Della Sala (dir.), *Mind myths. Exploring popular assumptions about the mind and brain*. New York, John Wiley, p. 3-24.
- Damasio, H., T. Grabowski, R. Frank, A. M. Galaburda et A. R. Damasio (1994). « The return of Phineas Gage: Clues about the brain from the skull of a famous patient ». *Science*, 264, p. 1102-1105.
- Doidge, N. (2008). *Les étonnants pouvoirs de trans-formation du cerveau. Guérir grâce à la neuroplasti-cité*. Paris, France, Belfond.

---

9. *Ibid.*

2. « Les tests de QI sont biaisés culturellement[10] »

L'idée de mesurer les performances entre des individus et des groupes d'individus pose problème dans une société égalitaire comme la nôtre. Aussitôt l'existence des différences confirmées, on les impute souvent d'emblée à quelque défaillance de l'instrument de mesure. Depuis plusieurs décennies déjà, les spécialistes de la psychométrie se mirent à la recherche d'éventuels biais dans les tests de QI. Comment pouvait-on croire en effet qu'une caractéristique aussi fondamentale de l'espèce humaine ne soit pas distribuée équitablement entre les groupes ? À la fin des années 1960, il devint clair que l'accusation de biais n'était pas justifiée : les tests de QI possédaient des qualités métriques tout à fait comparables, quelle que soit l'appartenance socio-économique ou ethnique des personnes testées. Avec le temps et la publication d'études additionnelles, cette conclusion empirique n'a fait que se renforcer, ce qui n'empêche pas la persistance tenace du préjugé contraire.

---

10. Ce texte est une adaptation de l'article de S. Larivée et F. Gagné (2007). «Les biais culturels des tests de QI : la nature du problème». *Psychologie canadienne*, 48 (4), p. 221-239, et d'une partie de S. Larivée (2008). «Les comparaisons entre les groupes ethniques», dans S. Larivée (dir.), *Le QI, ses déterminants et son avenir*, Québec, Multimondes, p. 507-617.

Le concept de biais

Le concept de biais repose sur l'idée d'une erreur systématique défavorisant un ou des individus dans l'interprétation des tests qui cherchent à en faire l'évaluation. Pour utiliser un exemple du milieu éducatif, on observe entre les groupes socioéconomiques des écarts importants de réussite scolaire, tant au primaire qu'au secondaire. Pourtant, personne ne songerait à accuser les enseignants de construire des examens qui pénalisent systématiquement les élèves de milieu défavorisé. On s'interrogera plutôt sur les causes possibles de ces écarts dans le milieu scolaire ou familial.

Acceptons – ce qui ne devrait guère être difficile – qu'un mètre soit un bon instrument pour mesurer la taille. On sait que le type d'alimentation durant l'enfance influence en partie la stature physique. Imaginons deux cultures dont l'une (A) a un type d'alimentation qui favorise le développement physique et l'autre (B) moins. Toutes choses étant égales par ailleurs, l'utilisation du mètre montrera que les membres de la culture A sont plus grands que ceux de la culture B. La différence culturelle entre les deux groupes mise en évidence par cet instrument de mesure ne le rendra pas pour autant biaisé. Par contre, le mètre serait un instrument culturellement biaisé s'il se rétrécissait ou s'allongeait selon les individus mesurés.

En fait, rejeter les tests de QI sous prétexte qu'ils soulignent des différences entre les individus revient à rejeter le thermomètre parce qu'il indique que certains individus font de la fièvre et d'autres pas. De plus, si un test de QI ne permettait pas de distinguer les individus, il perdrait non seulement toute validité prédictive, mais aussi toute utilité.

La plupart des critiques qui ont prétendu l'existence de biais dans les tests de QI ciblaient un biais lié à leur utilisation pratique, c'est-à-dire leur capacité à bien prédire à court ou à plus long terme des comportements de la vie quotidienne comme le succès scolaire, la performance ou la satisfaction au travail.

Que nous disent les études psychométriques sur la prévalence d'un éventuel biais associé au caractère prédicteur du QI? Deux grands types de situations de comparaison sont documentés dans la littérature scientifique : la prédiction du rendement scolaire et la prédiction du rendement en milieu de travail.

En ce qui concerne la prédiction du rendement scolaire, notons d'entrée de jeu que les résultats aux tests de QI sont les meilleurs prédicteurs de la réussite scolaire, hormis les résultats scolaires antérieurs. Au primaire, les corrélations entre les scores de QI et la réussite scolaire dépassent même 0,60[11]. Le QI n'élimine évidemment pas la contribution d'autres

11. Satler, J.M. (1988). *Assesment of children intelligence*. San Diego, CA : Author.

facteurs (par exemple, la motivation, les habiletés sociales, les variables environnementales), mais aucun de ces facteurs n'approche en pouvoir prédicteur celui du QI. Dans la quasi-totalité des études où l'on a mesuré l'association entre les tests de QI et diverses mesures de rendement scolaire, la validité prédictive du test est équivalente pour tous les groupes ethniques, ce qui signifie que les scores à ces tests ne sont pas biaisés en faveur ou en défaveur d'un groupe ou l'autre.

En ce qui concerne la prédiction de la performance en milieu de travail, les résultats sont tout à fait similaires : le QI constitue un bon prédicteur de la réussite professionnelle. Les études qui ont vérifié le biais potentiel en faveur ou en défaveur d'un groupe ethnique montrent une fois de plus que les tests de QI utilisés comme prédicteurs de la performance au travail ne sont pas biaisés.

Conclusion

Si, dans les premières versions des tests, au début du XXe siècle, des éléments biaisés en faveur des Blancs de classe moyenne étaient présents, ceux-ci furent remplacés ou éliminés au fil des révisions. Aujourd'hui, les tests de QI prédisent la réussite scolaire et professionnelle avec le même degré de précision pour tous les groupes socioéconomiques et ethniques. Dans le *Wall Street Journal* du

13 décembre 1994[12], 52 éminents chercheurs dans le domaine de la cognition ont fait part de leur convergence sur le sujet en ce qui concerne les tests effectués aux États-Unis :

> Les tests d'intelligence ne présentent aucun biais culturel à l'encontre des Noirs (Afro-Américains) ou des membres d'autres groupes ethniques s'ils sont nés aux États-Unis et que leur langue maternelle est l'anglais. Au contraire «les scores aux tests de QI prédisent avec la même précision pour tous ces Américains, peu importe leur race ou leur classe sociale. Ceux qui ne maîtrisent pas l'anglais peuvent se soumettre à un test non verbal ou à un test dans leur langue maternelle[13]».

En 1996, le rapport commandé par la Commission des affaires scientifiques de la l'Americain Psychological Association (APA) confirme l'absence de biais culturel dans les tests de QI[14]. Si l'explication des performances inférieures de certains groupes d'individus ne renvoie pas à quelque biais culturel

---

12. Voir aussi L.S. Gottfredson (1997). «Mainstream science on intelligence : An editorial with 52 signatories, history, and bibliography». *Intelligence*, 24 (1), p. 13-23.

13. Traduction de l'article dans S. Larivée et F. Gagné (2006). «Intelligence 101 ou l'ABC du QI». *Revue de psychoéducation*, 35 (1), 1-10, p. 3.

14. Neisser, U., G. Boodoo, T. J. Jr Bouchard, et autres (1996). «Intelligence : knowns and unknowns». *American Psychologist*, 51 (2), p. 77-101.

des tests de QI, l'argument culturel pourrait bien cependant concerner certains désavantages de leur milieu de vie. Il se pourrait, en effet, que des groupes disposent de moins de possibilités de résoudre des problèmes requérant un certain niveau d'abstraction, ce qui hypothéquerait leur maîtrise des compétences mesurées par le test. L'instauration de conditions environnementales qui pourrait se traduire, par exemple, par la mise sur pied de programmes destinés à l'amélioration et à la croissance d'habiletés mentales nécessite qu'on prenne d'abord acte des résultats. Nier la réalité n'est sans doute pas le meilleur moyen.

Enfin, le caractère quelque peu vieillot d'une grande partie de la littérature disponible s'explique probablement par le fait que les chercheurs contemporains considèrent ce problème résolu[15]. Selon plusieurs spécialistes, le livre d'Arthur Jensen publié en 1980, *Biais in mental testing,* demeure l'œuvre principale sur le sujet, un constat en quelque sorte confirmé par Brown, Reynolds et Whitaker[16] qui ont recensé les travaux plus récents. Leur conclusion est formelle : les données empiriques accumulées

15. Suzuki, L.A., et R. R. Valencia (1997). «Race-Ethnicity and measured intelligence : Educational implications». *American Psychologist*, 52 (10), p. 1103-1114.
16. Brown, R. T., C.R. Reynolds et J.S. Whitaker (1999). «Bias in mental test since *Biais in mental testing*». *School Psychology Quaterly*, 14 (3), p. 208-238.

depuis 1980 montrent que les tests d'intelligence les plus largement utilisés ne souffrent d'aucun biais quant à leur validité prédictive et conceptuelle. À cet égard, alimenter la rumeur des biais culturels des tests d'intelligence est inexact sur le plan empirique, douteux sur le plan éthique et contre-productif sur le plan pratique.

Pour aller plus loin

- Georgas, J., L. G. Weiss, F.S.R. Van de Vijer et D.H. Seklopke (2003). *Culture and children's intelligence: Cross cultural analysis of the WISC-III.* NewYork, AcademicPress.
- Reynolds, C.R. (1995). «Test bias and the assessment of intelligence and personality», dans D. H. Saklofske et M. Zeidner (dir.), *International handbook of personality and intelligence.* New York, Plenum Press, p. 545-573.
- Reynolds, C.R. (2000). «Why is psychometric research on bias in mental testing so often ignored?», *Psychology, Public Policy and Law, 6,* p. 144-150.

3. « Seul l'environnement détermine les différences de capacités intellectuelles entre les individus[17] »

Un des mythes les plus répandus en ce qui concerne l'intelligence veut que les différences entre les individus soient dues uniquement à l'environnement. À l'instar des autres phénotypes, les différences sur le plan des habiletés intellectuelles sont dues à la fois à des facteurs environnementaux et à des facteurs génétiques et surtout à leur interaction. Trois concepts sont essentiels pour comprendre le jeu de l'interaction génétique / environnement : l'*environnement partagé* (EP), l'*environnement non partagé* (ENP) et l'*héritabilité* (h^2).

L'*environnement partagé* (EP) correspond à l'influence environnementale partagée par les individus qui vivent ensemble et qui, par conséquent, est susceptible de contribuer à leur ressemblance. Il faut comprendre ici qu'on se réfère essentiellement à l'influence d'une famille donnée par rapport à une autre famille. Par exemple, ce n'est pas la télévision en soi qui constitue un aspect de l'EP, mais le nombre d'heures passées devant l'écran chez une famille donnée par rapport à une autre famille.

---

17. Ce texte est en partie basé sur S. Larivée (2008). « Les aspects psychosociaux des facteurs environnementaux », dans S. Larivée (dir.), *Le QI, ses déterminants et son avenir*. Québec, Multimondes, p. 301-386.

À cet égard, les jumeaux tant monozygotes que dizygotes montrent une plus grande ressemblance au niveau du QI s'ils vivent ensemble que s'ils vivent dans des environnements différents. Et cela se comprend puisque les enfants vivant sous le même toit sont sujets au même environnement et aux mêmes stratégies parentales de stimulation intellectuelle. Par ailleurs, comme on peut s'attendre à ce que des parents pourvus de bonnes habiletés intellectuelles procurent à leurs enfants un environnement intellectuel stimulant, il est possible que les corrélations entre la qualité de l'environnement familial et le QI des enfants manifestent que ces parents ont transmis à leurs enfants un bon potentiel intellectuel.

L'environnement non partagé (ENP) correspond à l'influence environnementale que les individus qui vivent ensemble ne partagent pas et qui pourrait contribuer au fait qu'ils ne se ressemblent pas, même en tant que membre de la même famille. Parmi ces influences, notons les groupes d'amis, le type d'école, les expériences professionnelles, la structure familiale, le contact bénéfique avec un voisin, etc. En fait, l'ENP contribue à l'unicité de chaque membre d'une même famille dans la mesure où il donne lieu à des expériences vécues uniquement par ce membre de la famille.

Une étude longitudinale a été réalisée et permet de dégager la distinction entre l'EP et l'ENP. D'après cette étude[18], si à l'âge de deux ans le QI de la mère constitue le meilleur prédicteur du QI de l'enfant, confortant ici l'hypothèse génétique, à quatre ans, c'est la qualité de l'environnement telle qu'elle est mesurée par le HOME[19] qui constitue le meilleur prédicteur du QI de l'enfant[20]. Par la suite, au cours de l'école primaire, la relation entre le HOME et le score de QI des enfants diminue. Ce résultat rejoint les conclusions des travaux de Scarr[21] qui montrent que les mères dont le QI est élevé tendent à avoir non

18. Yeates, K., D. MacPhee, F. Campbell et C. Ramey (1983). «Maternal IQ and home environment as determinants of early childhood intellectual competence: A developmental analysis». *Developmental Psychology,* 19, p. 731-739.

19. Le HOME, mis au point par Caldwell et Bradley (1984, 1994), comprend une liste de critères permettant de colliger les informations relatives à la qualité de l'environnement familial à l'aide entre autres d'interviews.

20. Voir aussi A. J. Sameroff, R. Seifer, A. Baldwin et C. Baldwin (1993). «Stability of intelligence from preschool toadolescence: The influence of social and family riskfactors». *Child Development,* 64, p. 80-97.

21. Scarr, S. (1992). «Developmental theories for the 1990s: Development and individual differences». *Child development,* 63, p. 1-7. Scarr, S. (1997). «Behavior-genetic and socialization theories of intelligence: Truce and reconciliation», dans R.J. Sternberg et E. Grigorenko (dir.), *Intelligence: Heredity and environment.* New York, Cambridge University Press, p. 3-41. Scarr, S. (1998). «How do families affect intelligence? Social environmental and behaviour genetic predictions», dans J.J. McAndleet R.W. Woodcock (dir.), *Human cognitive abilities in theory and practice.* Mahwah, N.J., Lawrence Erlbaum, p. 113-135.

seulement des enfants à QI élevé, mais aussi des attitudes favorables au développement cognitif. Scarr conclut alors que le lien entre les attitudes parentales et les compétences cognitives des enfants relève aussi d'influences génétiques. Les études en génétique comportementale et les études d'adoption confirment cette conclusion. Dans le premier cas, on note que les influences familiales sur le QI des enfants décroissent nettement au cours du développement et, dans le second cas, on note que les attitudes parentales des parents adoptifs ont peu ou pas d'effet sur le QI.

L'héritabilité (h²) est un indice statistique variant entre 0 et 1, exprimé sous la forme d'un pourcentage qui renvoie à l'effet des facteurs génétiques sur la variation d'un trait entre les individus d'une population donnée et à un moment donné, et ce indépendamment des influences environnementales. Dans le cas de l'intelligence, l'héritabilité permet d'estimer l'ampleur des variations génétiques qui expliquent les différences entre les individus. Par exemple, si l'h^2 est de 0,60, cela signifie que le 60 % de la variance intellectuelle observée s'explique par la variance génétique au sein de la population étudiée. Quelques informations supplémentaires devraient permettre de bien comprendre le jeu entre héritabilité et environnement.

Premièrement, on confond souvent à tort forte héritabilité et déterminisme génétique. Ainsi, même si l'on évaluait que l'indice d'héritabilité associé à la performance intellectuelle au sein d'une population est de 1,00 (héritabilité complète), cela n'impliquerait en rien que l'environnement n'a aucune influence sur la performance intellectuelle d'un individu. Un tel indice d'héritabilité indiquerait tout simplement que la différence de performance intellectuelle entre les individus de cette population s'explique entièrement par les différences sur le plan du bagage génétique entre ces individus et non par ce qui les distingue sur le plan de leur environnement.

Il est impossible de prouver hors de tout quel est le pourcentage exact des facteurs génétiques qui sous-tendent le QI d'une personne. Néanmoins, lorsqu'on cherche une estimation globale pour la population, l'argument qui fait le plus office d'autorité est celui de la corrélation des QI entre des jumeaux monozygotes (MZ) séparés à la naissance. Ces derniers présentent des parcours de vie différents alors que leur génétique reste identique. Ayant compilé des données avec cent pairs de jumeaux MZ et DZ élevés séparément, les travaux de Bouchard réalisés au Minnesota sont souvent les plus cités dans la littérature scientifique. À cet égard, la méta-analyse de Bouchard et McGue (1981)[22] reste l'une des plus réputées. Elle porte sur

22. Bouchard, T.J., et M. McGue (1981). «Familial studies of intelligence : A review». Science, 212, p. 1055-1059. Pour des informations supplémentaires voir Bouchard, Lykken, McGue, Segal et Tellegen (1990). «Sources of Human Psychological Differences : The Minnesota Study of Twins Reared Apart», Science, 250, (4978), p. 223-228.

111 études de ressemblances familiales. Des corrélations moyennes pondérées ont été calculées pour chacun des liens de parenté (MZ, DZ, germains, demi-germains, cousins, etc.) en tenant compte de la situation éducative : ensemble ou séparément.

Tableau 1
Corrélations des QI d'après Bouchard et McGue (1981)

Relation familiale mesurée	Élevés	Proximité génétique	Corrélation des moyennes pondérées
Jumeaux monozygotes	ensemble	100 %	0,86
Jumeaux monozygotes	séparément	100 %	0,72
Moyenne du QI des parents / moyenne du QI des enfants	ensemble	50 %	0,72
Moyenne du QI des parents / QI enfant unique	ensemble	50 %	0,5
Jumeaux dizygotes	ensemble	50 %	0,6
Frères et sœurs biologiques	ensemble	50 %	0,47
Frères et sœurs biologiques	séparément	50 %	0,24
Père ou mère monoparental(e) / enfant(s) biologiques	ensemble	50 %	0,42
Père ou mère monoparental(e) / enfant(s) biologiques	séparément	50 %	0,22
Demi-frère(s) et sœur(s)	non spécifié	25 %	0,31
Cousins	séparément	12,5 %	0,15
Frères et sœurs sans lien biologique (un adopté / un biologique)	ensemble	0 %	0,29
Enfants adoptifs de deux mères biologiques différentes	ensemble	0 %	0,34
QI moyen des parents adoptifs / enfants adoptés	ensemble	0 %	0,24
Parent adoptif / enfant adopté	ensemble	0 %	0,19

Les données ci-dessus présentent les corrélations de QI entre individus selon leur niveau de proximité génétique. Rappelons encore une fois qu'une corrélation de 0,00 signifie l'absence de lien entre deux données alors qu'un résultat de 1,00 correspond à un lien parfait. Le tableau 1 démontre que l'environnement n'est pas seul à avoir de l'influence dans les scores de QI. On voit que les jumeaux identiques élevés ensemble affichent une corrélation plus forte (0,86) que lorsqu'ils sont élevés séparément (0,72), mais cette dernière reste tout de même très forte et supérieure aux autres comparaisons familiales étudiées. De son côté, les effets de l'environnement sont clairement repérables lorsqu'on porte attention aux frères et sœurs biologiques lorsqu'ils sont élevés ensemble (0,47) ou séparément (0,24). Enfin, les corrélations visibles au sein des familles adoptives confirment les limites des effets environnementaux sur la détermination du QI ; des corrélations existent (0,19, 0,24 et 0,34), mais elles sont parmi les plus faibles observées.

Deuxièmement, contrairement à ce qu'on pourrait croire, l'héritabilité de l'intelligence n'est pas immuable : l'influence relative des gènes et de l'environnement se modifie au cours de la vie. Des travaux en génétique comportementale montrent en effet que la proportion de la variance phénotypique se modifie au cours du développement en faveur de l'héritabilité. Les figures 1 et 2 résument bien les données actuellement disponibles. L'h^2 est faible en bas âge (0,40) et augmente progressivement à l'âge adulte (0,80).

Figure 1

Pourcentage attribuable à l'environnement partagé et non partagé ainsi qu'aux facteurs génétiques dans la détermination du facteur g de l'enfance à l'âge adulte

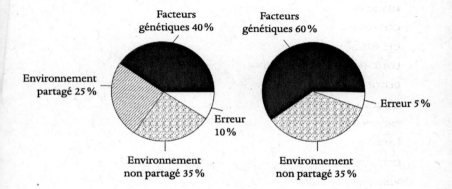

Source : Plomin, R., et S.A. Petrill (1997). « Genetics and intelligence : What's new ? », *Intelligence*, 24 (1), 53-77, p. 65.

Troisièmement, en plus de se modifier avec l'âge, le rapport entre l'héritabilité et l'environnementalité se modifie aussi en fonction du milieu de vie. Des chercheurs[23] ont étudié 320 paires de jumeaux nés

23. Turkheimer, E., A. Haley, M. Waldron, B. D'Onofrio et I. I. Gottesman (2003). « Socioeconomic status modifies heritability of IQ in young children ». *Psychological Science*, 14 (6), p. 623-628.

Figure 2
Influences génétiques sur le QI tout au long de la vie

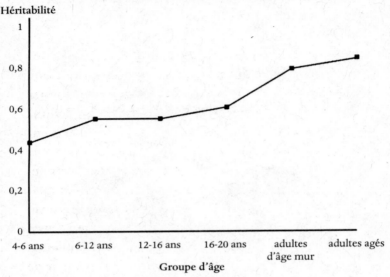

Source : Plomin, R., et S. A. Petrill (1997). « Genetics and intelligence : What's new ? », *Intelligence*, 24 (1), 53-77, p. 61.

dans les années 1960 et qui avaient passé un test de QI (WISC) à sept ans. L'étude montre que les facteurs environnementaux ont une influence nettement plus prononcée sur le QI des enfants dont l'environnement était très défavorisé que sur celui des enfants dont les familles avaient un statut socio-économique (SSE) élevé. Pour les enfants vivant dans un environnement très pauvre, l'héritabilité (h^2) n'est que de 0,10, alors que l'environnement partagé est de 0,58. Pour les enfants de SSE élevé, l'héritabilité (h^2) est de 0,72, et l'environnement est quatre fois plus important dans les familles très pauvres que dans les familles très riches. Un tel résultat suggère que l'héritabilité a plus de répercussions dans les familles à SSE élevé, et que l'environnement a plus de répercussions dans les familles très pauvres. En fait, dans les familles aisées, on pourrait dire que tout ce qu'un environnement favorisé avait à donner a été donné et que les différences entre les individus qui persistent sont alors attribuables principalement à la génétique.

Quatrièmement, la liste des facteurs environnementaux susceptibles d'avoir une influence sur le QI est longue, mais, somme toute, sans surprise. Ainsi, être un bébé de faible poids, avoir été en contact avec une quantité de plomb plus élevée que la moyenne des enfants, avoir une santé précaire ou souffrir de malnutrition, bénéficier d'un environnement scolaire plus ou moins approprié, avoir des parents dont le SSE est élevé ou faible, être l'objet d'attitudes parentales favorables ou non au développement cognitif sont autant des variables qui, prises individuellement, n'ont que peu d'influence sur le QI. Bien sûr, un enfant soumis à plusieurs ou à toutes ces situations risque fort d'en être affecté positivement ou négativement. Toutefois, après avoir passé en revue les effets de l'environnement sur le QI, Mackintosh n'hésite pas à conclure : «Nous n'avons actuellement aucune théorie du développement cognitif qui soit à même d'expliquer comment des environnements différents façonnent des scores de

QI différents chez des enfants différents[24]. » En fait, la conclusion qui s'impose, c'est qu'aucun facteur environnemental – hormis bien sûr dans les situations extrêmes – ne produit d'effet durable et marquant sur les scores de QI.

Enfin, la somme des expériences d'apprentissage à laquelle un individu est exposé n'est pas le seul déterminant de ses apprentissages. Prise au sens strict, cette théorie de l'exposition[25] pourrait signifier qu'un enfant qui lit 100 livres développera deux fois plus de capacités verbales qu'un enfant qui en lit 50. En réalité, une occasion d'apprentissage ne donne pas nécessairement le même résultat chez tous les individus. Une comparaison avec l'entraînement physique devrait faire comprendre les limites de cette théorie. Par exemple, si dix individus lèvent quotidiennement le même poids, cet exercice aura un effet différent chez chacun d'eux en fonction de leur physiologie. Certains se développeront plus rapidement, d'autres plus lentement. De la même façon, des capacités cognitives différentes permettront des rythmes d'apprentissage différents et des résultats différents. En fait, la théorie de l'exposition est incomplète. Les différences de QI sont dues à la fois à des différences environnementales, des occa-

24. Mackintosh, N.J. (2004). *QI et intelligence humaine.* Bruxelles, De Boeck, p. 171.
25. Qui est toutefois défendue, voir : S. J. Ceci (1990). *On intelligence... more or less. A bio-ecological treatise on intellectual development.* Englewood Cliffs, NJ, Prentice Hall.

sions d'apprentissage et des différences de potentiel génétique.

S'il est évident qu'un environnement stimulant en bas âge peut représenter un avantage intellectuel en fournissant un maximum de possibilités d'apprentissage, l'effet de ces premiers gains pourrait s'estomper plus ou moins rapidement dans la mesure où, au-delà de l'enfance, le développement intellectuel dépend de plus en plus de l'engagement de l'individu. Or, cet engagement dépend en partie des capacités cognitives des sujets. En effet, comme au fil des ans *genes drive experience*, les enfants les plus brillants rechercheront des situations propices à l'actualisation de leur potentiel intellectuel, alors que les enfants dont les capacités intellectuelles sont plus faibles se créeront moins d'occasions d'apprentissage.

Les occasions d'apprentissage offertes par l'environnement sont à la fois formelles (scolaires) et informelles (non scolaires). En ce qui concerne les occasions informelles, les individus plus doués sont plus à même de créer leur propre chance. Ainsi, si un individu a intériorisé l'importance de relever des défis cognitifs, il aura, par exemple, des loisirs appropriés, fréquentera des individus dont les compétences intellectuelles sont stimulantes, aura un programme de lectures variées et enrichissantes, etc. Ce faisant, il se crée un environnement propice à l'expression de son potentiel, amplifiant du coup ses différences génétiques sur le plan cognitif.

Pour aller plus loin

- Braungart, J.M., D. W. Fulker et R. Plomin (1992). « Genetic mediation of the home environment during infancy : A sibling adoption study of the HOME ». *Developmental Psychology*, 28, p. 1048-1055.
- Petrill, S.A. (2003). « The development of intelligence : Behavioral genetic approach », dans R.J. Sternberg, J. Lautrey, et T.I. Lubart (dir.), *Models of intelligence. International perspective.* Washington, DC, American Psychological Association, p. 81-89.
- Plomin, R., J. DeFries, G. McClearn, et M. Rutter (1999). *Des gènes au comportement. Introduction à la génétique comportementale.* Bruxelles, De Boeck.

Mondialisation

Stéphane Paquin

Professeur agrégé à l'École nationale d'administration publique, Stéphane Paquin est titulaire de la Chaire de recherche du Canada en économie politique internationale et comparée (CREPIC). Il a été professeur à l'École de politique appliquée de l'Université de Sherbrooke. Il a enseigné à l'Université Northwestern de Chicago et à l'Institut d'études politiques de Paris en plus d'avoir été secrétaire général par intérim de l'Association internationale de science politique / International Political Science Association. Il a publié plusieurs livres dont, en 2010, avec Kim Richard Nossal et Stéphane Roussel, *International Policy and Politics in Canada* (Toronto, Pearson Canada), en 2008, *La nouvelle économie politique internationale : théories et enjeux.* (Paris, Armand Colin), en 2004, *Paradiplomatie et relations internationales* (Bruxelles, Presses interuniversitaires européennes). Il a codirigé plusieurs livres dont, en 2010, avec Luc Bernier et Guy Lachapelle, *Analyse des politiques publiques* (Montréal, Presses de l'Université de Montréal).

1. « La mondialisation est un phénomène nouveau »

Il est vrai que le terme « mondialisation » n'a été introduit qu'en 1953 dans le dictionnaire Robert. Le terme « globalization », quant à lui, a fait son entrée en 1961 dans le Webster. C'est tout aussi juste d'affirmer que ce n'est qu'après la fin de la guerre froide que le concept de mondialisation se diffuse très rapidement dans le milieu universitaire et dans les médias. Pourtant la majorité des spécialistes s'entendent sur le fait que la mondialisation n'est pas un phénomène aussi récent ni même réellement nouveau. Le commerce international, les investissements étrangers, les multinationales, les pandémies et les mouvements migratoires existent depuis longtemps.

Sans le nommer avec la même précision terminologique, de nombreux auteurs ont décrit le phénomène que l'on nomme aujourd'hui « mondialisation ». C'était le cas d'Adam Smith, dès 1776. En parlant de la mobilité des capitaux dans son œuvre magistrale intitulée *Recherche sur la nature et les causes de la richesse des nations*, il écrivait que :

> [...] la terre est une chose qui ne peut s'emporter, tandis que le capital peut s'emporter très facilement. Le propriétaire de terre est nécessairement citoyen du pays où est situé son bien. Le propriétaire de capital est proprement citoyen du monde, et il n'est attaché nécessairement à aucun pays en particulier.

Il serait bientôt disposé à abandonner celui où il se verrait exposé à des recherches vexatoires qui auraient pour objet de le soumettre à un impôt onéreux, et il ferait passer son capital dans quelque autre lieu où il pourrait mener ses affaires et jouir de sa fortune à son aise. En emportant son capital, il ferait cesser toute l'industrie que ce capital entretenait dans le pays qu'il aurait quitté. C'est le capital qui met la terre en culture; c'est le capital qui met le travail en activité. Un impôt qui tendrait à chasser les capitaux d'un pays tendrait d'autant à dessécher toutes les sources du revenu, tant du souverain que de la société. Ce ne seraient pas seulement les profits de capitaux, ce seraient encore la rente de la terre et les salaires du travail qui se trouveraient nécessairement plus ou moins diminués par cette émigration de capitaux[1].

Un autre exemple plus frappant encore provient du *Manifeste du Parti communiste* écrit en 1848 par Karl Marx et Friedrich Engels. On pouvait y lire très explicitement ce qui est généralement entendu par l'expression mondialisation. Dans l'extrait qui suit, si l'on substitue le mot « mondialisation » à « bourgeoisie », on remarque facilement que ces deux hommes décrivaient un phénomène semblable à ce qu'il est possible d'observer un siècle et demi plus tard :

---

1. Adam Smith, *Recherches sur la nature et les causes de la richesse des nations*, 1776.

Poussée par le besoin de débouchés toujours nouveaux, la bourgeoisie envahit le globe entier. Il lui faut s'implanter partout, exploiter partout, établir partout des relations.

Par l'exploitation du marché mondial, la bourgeoisie donne un caractère cosmopolite à la production et à la consommation de tous les pays. Au grand désespoir des réactionnaires, elle a enlevé à l'industrie sa base nationale. Les vieilles industries nationales ont été détruites et le sont encore chaque jour. Elles sont supplantées par de nouvelles industries, dont l'adoption devient une question de vie ou de mort pour toutes les nations civilisées, industries qui n'emploient plus des matières premières indigènes, mais des matières premières venues des régions les plus lointaines, et dont les produits se consomment non seulement dans le pays même, mais dans toutes les parties du globe. À la place des anciens besoins, satisfaits par les produits nationaux, naissent des besoins nouveaux, réclamant pour leur satisfaction les produits des contrées et des climats les plus lointains. À la place de l'ancien isolement des provinces et des nations se suffisant à elles-mêmes, se développent des relations universelles, une interdépendance universelle des nations. Et ce qui est vrai de la production matérielle ne l'est pas moins des productions de l'esprit. Les œuvres intellectuelles d'une nation deviennent la propriété commune de toutes. L'étroitesse et l'exclusivisme nationaux deviennent de jour en jour plus impossibles et de la multiplicité

des littératures nationales et locales naît une littérature universelle.

Par le rapide perfectionnement des instruments
de production et l'amélioration infinie des moyens
de communication, la bourgeoisie entraîne dans le
courant de la civilisation jusqu'aux nations les plus
barbares. Le bon marché de ses produits est la grosse
artillerie qui bat en brèche toutes les murailles de
Chine et contraint à la capitulation les barbares les
plus opiniâtrement hostiles aux étrangers. Sous peine
de mort, elle force toutes les nations à adopter le
mode bourgeois de production ; elle les force à intro-
duire chez elle la prétendue civilisation, c'est-à-dire à
devenir bourgeoises. En un mot, elle se façonne un
monde à son image[2].

L'économiste britannique John Maynard Keynes
avait également écrit sur le sujet. Après la Première
Guerre mondiale, il estimait que « le cours ordinaire
de la vie économique et sociale » était presque entièrement mondialisé. Dès 1919, dans *Les conséquences
économiques de la paix*, il partageait cette réflexion :

Un habitant de Londres pouvait, en dégustant son
thé du matin, commander, par téléphone, les produits
variés de la terre entière en telle quantité qu'il lui
plaisait, et s'attendre à les voir bientôt déposés sur le

---

2. Karl Marx et Friedrich Engels, *Manifeste du Parti communiste*,
   1848.

pas de sa porte ; il pouvait, au même instant et par les mêmes moyens, risquer son bien en investissement dans les ressources naturelles et les nouvelles entreprises de n'importe quelle partie du monde et, sans effort ni souci, obtenir sa part des résultats et des avantages espérés ; ou bien il pouvait décider de confier la sécurité de sa fortune à la bonne foi des habitants de n'importe quelle ville de quelque importance, sur n'importe quel continent que lui recommandait sa fantaisie ou ses informations. Il pouvait disposer sur-le-champ, s'il le désirait, de moyens confortables et bon marché pour se rendre dans le pays ou la contrée de son choix, sans passeport ni aucune autre formalité ; il pouvait envoyer son domestique à la plus proche succursale d'une banque s'approvisionner en autant de métal précieux qu'il lui semblait approprié, puis se rendre dans un pays étranger, sans rien connaître de sa religion, de sa langue ou de ses mœurs, en emportant sur lui des ressources en espèces, et il aurait été fort surpris et se fût considéré comme grandement offensé si on lui avait opposé la moindre difficulté[3].

De nos jours, la majorité des spécialistes croient qu'on peut parler de deux mondialisations. La première survient entre 1870 et 1914 et la seconde après

---

3. KEYNES, John Maynard (2002/[1920]), *Les conséquences économiques de la paix*, Paris, Gallimard, p. 25-26.

1945 (avec une accélération marquée après 1960)[4].
Maurice Obstfeld et Alan Taylor écrivent que :

> L'ère classique de l'étalon-or, entre 1870 et 1914, est
> regardée, à juste titre, comme l'âge d'or du libre
> mouvement du capital, de la main-d'œuvre et des
> biens entre les nations. Après la Première Guerre
> mondiale, les tentatives pour reconstruire une nou-
> velle économie mondiale selon les lignes d'avant 1914
> se sont effondrées avec la grande dépression et la
> nouvelle guerre mondiale. Ce n'est que dans les
> années 1990 que l'économie mondiale a atteint un
> niveau d'intégration économique qui rivalise avec la
> cohérence déjà atteinte cent ans plus tôt[5].

La majorité des spécialistes s'entendent cependant pour dire que, lorsqu'on compare la première
et la seconde mondialisation, les différences sont très
importantes. La première mondialisation n'a pas la
même intensité, la même extensivité, la même
rapidité et les mêmes effets que la seconde[6].

---

4. BERGER, Suzanne (2003), *The First Globalization. Lessons
   from the French* (document publié en français sous le titre
   Notre première mondialisation, Paris, République des idées,
   Seuil) disponible sur la page Web de l'auteure.
5. OBSTFELD, Maurice, et Alan TAYLOR (1997), « The Great
   Depression as a Watershed : International Capital Mobility
   in the Long Run », NBER Working Paper 5960, p. 1.
6. BORDO Michael, Barry EICHENGREEN et Douglas
   IRWIN (1999), « Is Globalization Today Really Different
   than Globalization a Hundred Years Ago ? », Prepared for the

2. « La droite et la gauche ont des interprétations radicalement différentes de la mondialisation »

Pas vraiment, et c'est d'ailleurs assez surprenant. Malgré les divergences idéologiques substantielles et irréconciliables, à droite comme à gauche, certains groupes partagent une lecture plutôt similaire de la mondialisation.

Qu'ils fassent partie des lucides ou des solidaires, ces familles de pensée s'entendent toutes sur un point (même s'il est vrai que la conception des solidaires de la mondialisation est clairement plus apocalyptique) : la mondialisation limiterait radicalement et fondamentalement la gamme des outils de politiques publiques disponibles face aux pressions du marché et de la concurrence mondiale. Malgré les divergences considérables en ce qui concerne les solutions proposées, les deux tendances se rejoignent pour affirmer que la mondialisation est un phénomène très important, voire menaçant, et que l'économie mondiale est plus intégrée que jamais.

Par exemple, en 2005, dans le manifeste des lucides, les auteurs écrivaient : « Alors que notre avenir est menacé par le déclin démographique et la

Brookings Trade Policy Forum on Governing in a Global Economy, Washington, DC, 15-16 April 1999. Revised version published in Brookings Trade Policy Forum, 1999.

concurrence mondiale, le Québec ne peut se permettre d'être la république du statu quo[7]. » Ils soutenaient que le Québec subit désormais : « [...] comme toutes les autres régions de l'Occident [...] une concurrence féroce de la part des pays asiatiques, au premier chef de la Chine et de l'Inde ». Ils poursuivaient en écrivant que « l'entrée de plus d'un milliard de nouveaux travailleurs dans le circuit de l'économie mondiale a commencé il y a 15 ans avec l'essor économique de la Chine et des autres "tigres" asiatiques. Elle va continuer à interpeller nos forces vives pendant plusieurs décennies à venir ». Les conséquences sont très inquiétantes, car :

> [l]a concurrence asiatique ne se fait pas sentir seulement sur les emplois à petit salaire ; l'impartition en Inde fait la vie dure à nos emplois hautement spécialisés dans des créneaux comme les services informatiques. Dans 10, 20 ans, que fabriquerons-nous, Québécois, mieux que les Chinois et les Indiens ? Quels seront nos avantages comparatifs ? Nos niches d'excellence ?

Cette concurrence mondiale est si importante qu'il faut changer radicalement le modèle québécois parce que, soulignaient-ils, « [...] le monde a changé et il nous faut nous adapter aux nouvelles réalités. Refuser de le faire, ce serait comme s'entêter à taper

---

7. *Pour un Québec lucide* (Manifeste), 2005.

ses lettres à la dactylo sous prétexte que c'est avec celle-ci qu'on a appris à écrire ».

Dans leur réplique aux lucides, les solidaires alignaient noir sur blanc que « l'avenir de nos enfants nous inquiète aussi. Nous ne voulons surtout pas leur laisser une planète exsangue, des forêts détruites, des inégalités sociales et économiques accrues, des guerres pour s'arracher l'eau encore disponible. Nous voulons leur transmettre autre chose que le sentiment qu'il faut plier devant ce que dicte le marché[8] ». Toujours selon eux, un « regard attentif et critique sur le sort du monde et le devenir du Québec nous révèle partout les résultats désastreux de décennies de politiques économistes néo-capitalistes. Inégalités sociales, pauvreté, crises financières, scandales comptables, dégradations environnementales et changements climatiques sur fond de conflits meurtriers sont les conséquences visibles d'un laisser-faire qui a abandonné à l'illusion du marché autorégulé le soin de gérer le quotidien et l'avenir de la Terre des humains ».

Ils poursuivaient en soutenant que « [l]e type de mondialisation porté par les puissants et les bien nantis, en est le principal responsable ».

Comme on le constate, à droite comme à gauche, la mondialisation est présentée comme une menace, comme une sorte de tsunami assez puissant pour tout détruire sur son passage. C'est

---

8. *Pour un Québec solidaire* (Manifeste), 2005.

surtout en ce qui concerne les solutions à cette situation que la gauche et la droite divergent. L'acclimatation est la stratégie principale des protagonistes de droite. L'idée est de s'adapter à cette nouvelle donne mondiale en jouant le jeu du capitalisme mondialisé dans le but d'en tirer profit autant que possible et de limiter les dommages. La gauche radicale, de son côté, promeut la résistance et le combat du système lui-même. Les dangers (concurrence accrue, déménagements, changements rapides) font office de lecture commune de part et d'autre ; mais le projet pour la suite du monde est sensiblement différent.

3. « La mondialisation fait en sorte que l'État-providence est en voie d'extinction »

De nombreux politiciens ou spécialistes soutiennent qu'avec la croissance de la compétition mondiale les États ont dû radicalement repenser leurs modes d'intervention et diminuer les niveaux d'imposition des grandes entreprises afin de les rendre plus compétitives dans un environnement mondialisé[9]. Privés d'importantes sources de revenus, les États n'auraient eu d'autre choix que de diminuer les services

9. OHMAE, Kenichi (1995), *The End of the Nation State. The Rise of Regional Economies,* New York, Simon and Schusters inc.

offerts à la population[10]. Ainsi l'accélération de la mondialisation aurait pour corollaire un déclin brutal de l'État-providence[11]. Les sociétés développées seraient en crise profonde depuis les années 1970 et la question sociale serait en régression à cause de la mondialisation néolibérale[12].

Même s'il est vrai que la capacité d'action de l'État est limitée territorialement et que la mondialisation se moque des frontières, affirmer le désengagement de l'État est cependant une exagération. Si l'État se désengage de l'économie à cause de la mondialisation, on devrait pouvoir mesurer ce retrait par une diminution marquée, brutale même, des dépenses publiques sur le PIB. Par rapport à la période des Trente Glorieuses de l'après-guerre (1945-1975), période qui est souvent présentée comme l'âge d'or keynésien et de l'interventionnisme étatique, on devrait nécessairement pouvoir constater une diminution des dépenses publiques sur le PIB. Plus le retrait est important et plus la diminution devrait par conséquent être importante.

---

10. FRIEDMAN, Thomas L. (2006). *The World is Flat. A Brief History of the Twenty-First Century*, New York, Farrar, Straus and Giroux.
11. MULVALE, James P. (2001). *Reimagining Social Welfare: Beyond the Keynesian Welfare State*, Aurora, Garamond.
12. HAY, Colin (2011). «Globalization's impact on states», dans John Ravenhill (dir.), *Global Political Economy*, 3ᵉ éd, Oxford, Oxford University Press.

Cette diminution est-elle dans les faits de 20 %, 40 %
ou peut-être même 50 % ?

Si l'on prend 1960 comme point de départ,
moment à partir duquel de nombreux spécialistes
situent l'accélération de la mondialisation, on ne
constate pas de retrait des dépenses publiques. On
remarque plutôt une croissance marquée des
dépenses publiques. Les gouvernements des pays
développés collectent, de nos jours, plus de taxes,
non seulement en termes absolus, mais également
en pourcentage de leur plus grosse économie, qu'ils
ne le faisaient lors des Trente Glorieuses. La croissance nette des dépenses publiques entre 1960 et
2005 est de 16 % au Royaume-Uni, de 20 % aux
États-Unis, de 37 % en France, de 39 % en Allemagne,
de 45 % au Canada, de 49 % en Australie, de 64 % en
Finlande, de 68 % en Suède, de 74 % au Japon et de
108 % au Danemark !

Ainsi, si l'on se fie aux dépenses gouvernementales sur le PIB, l'action des gouvernements est en
forte progression depuis 1960, même s'il est vrai que
les dépenses publiques sur le PIB sont en légère
décroissance depuis le début des années 1990.

Cependant, il est possible de se demander si la
hausse des dépenses publiques s'explique autrement
que par la hausse des dépenses de protection sociale.
On sait en effet que les dettes publiques des pays de
l'OCDE ont connu une hausse marquée au cours de
la période retenue. Compte tenu des intérêts liés aux
sommes dues, se pourrait-il que les montants versés

par les États au service de leur dette aient eu pour effet de diminuer les dépenses de protection sociale ?

La réponse est négative. Comme il est possible de le voir dans le tableau 1, lorsqu'on isole les dépenses de protection sociale en pourcentage du PIB, on ne constate pas de recul important. Pour l'ensemble des pays de l'Union européenne, ces dépenses hors chômage passent de 24,9 % du PIB en 1993 à 25,4 % en 2003, une très légère hausse. On exclut les coûts des allocations aux chômeurs, car, si le nombre de chômeurs diminue, les dépenses sociales diminuent mécaniquement sans que les programmes de protection sociale ne soient réellement affectés.

Pour l'ensemble des pays regroupés dans le tableau suivant, la fluctuation des dépenses de protection sociale entre 2003 et 1993 est de +0,1 % lorsqu'on exclut du calcul les prestations de chômage. La hausse est donc très légère et ne permet pas de confirmer la théorie d'un « désengagement » des États à l'égard de leurs responsabilités lors de cette décennie où les dépenses publiques ont tendance à baisser.

Les dépenses sociales hors chômage augmentent même dans plusieurs pays : Belgique, Danemark, Allemagne, France, Italie, Autriche, Portugal. Cet accroissement des dépenses peut s'expliquer par la création de nouveaux programmes sociaux ou encore par le simple vieillissement de la population. La baisse des dépenses de protection sociale peut

Tableau 1

Pourcentage des dépenses de protection sociale
par rapport au PIB

	Total			Total hors chômage		
	1993	2003	Différence	1993	2003	Différence
Portugal	18,5	22,6	+4,1	17,5	21,4	+3,9
Grèce	21,2	25,4	+4,2	20,4	23,9	+3,5
Allemagne	36,8	29,1	-7,7	24,0	26,6	+2,6
Danemark	30,7	30,0	-0,7	25,2	27,1	+1,9
Autriche	27,3	28,6	+1,3	25,7	26,9	+1,2
Belgique	27,6	28,3	+0,7	23,9	24,8	+0,9
France	28,7	29,1	+0,4	26,0	26,8	+0,8
U.E. à 15	27,5	27,2	-0,3	24,9	25,4	+0,5
Italie	25,2	25,4	+0,2	24,4	24,9	+0,5
Luxembourg	22,5	23,3	+0,8	21,9	22,3	+0,4
Royaume-Uni	27,7	25,9	-1,8	25,7	25,2	-0,5
Irlande	19,3	15,8	-3,5	16,1	14,5	-1,6
Espagne	23,4	19,2	-4,2	18,3	16,6	-1,7
Suède	37,7	32,3	-5,4	33,4	30,4	-3,0
Pays-Bas	30,7	26,3	-4,4	27,9	24,7	-3,2
Finlande	33,6	26,1	-7,5	28,2	23,5	-4,7

Source : Eurostat, Sespros.

évidemment s'expliquer par des compressions
budgétaires, comme en Finlande, mais aussi par une
croissance économique plus forte que la croissance
des dépenses, comme en Irlande, avant qu'elle ne
soit frappée par la grave récession de 2008. Un
rapport de l'OCDE publié il y a quelques années
infirme aussi la théorie de la démission des États à

l'égard des diverses mesures de protection sociale. Il y est écrit que, « dans les pays développés, les pouvoirs publics ont alourdi les prélèvements fiscaux [...] les dépenses de politiques sociales n'ont jamais été aussi élevées qu'aujourd'hui dans ces pays[13] ». En somme, la thèse du retrait de l'État-providence est très largement exagérée lorsqu'on prend le temps de se pencher sur les données qui en décryptent l'évolution.

4. « Les États ont massivement baissé les taxes et les impôts »

Peut-on remarquer une baisse tendancielle des taxes et des impôts qui nuirait à la capacité de l'État de financer ses programmes sociaux ? Est-ce que l'on a massivement réduit, comme on l'entend souvent, la fiscalité des grandes entreprises depuis les années 1960 afin que les entreprises nationales soient plus compétitives dans l'économie mondiale ?

Dans les pays de l'OCDE selon les chiffres de 2009, lorsque l'on regarde les recettes fiscales totales en pourcentage du PIB depuis 1975, époque correspondant au triomphe de l'État-providence, on ne constate pas de baisse des recettes fiscales. Pour l'ensemble des pays de l'OCDE, la moyenne des

---

13. OCDE (2008), *Croissance et inégalités : distribution des revenus et pauvreté dans les pays de l'OCDE*, Paris, p. 18.

recettes totales passe de 29,4 % à 34,8 % du PIB. Au Canada, ces dernières passent de 32 % du PIB en 1975 à 32,3 % en 2008. En France, selon la même période, les recettes passent de 35,4 % à 43,2 % du PIB ; aux États-Unis, de 25,6 % à 26,1 % et en Suède de 41,3 % à 46,3 %. Elles sont en hausse dans tous les cas, sauf une seule minuscule exception : les Pays-Bas où les recettes fiscales passent de 40,7 % à 39,1 % du PIB.

Sur le plan de la fiscalité des grandes entreprises, on n'observe pas de baisse notable non plus. Dans les faits, le niveau de taxation des grandes entreprises n'a pas significativement diminué depuis les 40 dernières années[14]. Selon les *Statistiques des recettes publiques* de l'OCDE (2007), la part de l'impôt sur les bénéfices des sociétés dans la structure fiscale de l'ensemble des pays de l'OCDE est demeurée stable depuis 40 ans. En 1965, cet impôt représentait 9 % des recettes contre 8 % en 1975, 1985 et 1995 pour finalement atteindre 10 % en 2005. Même si la tendance récente indique une faible baisse des taxes directes sur les entreprises qui semble confirmer la thèse de la convergence néolibérale, le fardeau fiscal général des entreprises a même légèrement augmenté depuis la moitié des années 1980[15].

---

14. GODBOUT, Luc, Pierre FORTIN et Suzie ST-CERNY (2006), « La défiscalisation des entreprises au Québec : mythe ou réalité », Conférence donnée lors du Congrès 2006 de l'Association de planification fiscale financière, Montréal.
15. HAY, Colin, *op. cit.*

Selon le fiscaliste Luc Godbout de l'Université de Sherbrooke, pour les pays du G7, lorsque l'on regarde du côté des prélèvements généraux qui incluent l'imposition sur le bénéfice, les taxes sur le capital, sur la masse salariale ainsi que les cotisations sociales imputables aux employeurs, les prélèvements auprès des sociétés ont diminué « légèrement pour la moyenne des pays du G7, passant de 9,5 % en 1985 à 8,9 % en 2003[16] ». En 2006, cependant l'impôt des sociétés était de retour à 9,5 % pour les pays du G7 et à 9,7 % pour la moyenne des pays de l'OCDE[17]. Cette légère baisse entre 1985 et 2006 s'explique largement par le fait que les États-Unis ont diminué le taux d'imposition des entreprises. Aux États-Unis, d'après Christian Chavagneux et Ronen Palan, « selon les dernières statistiques disponibles de l'OCDE, les recettes fiscales issues de l'imposition des bénéfices des sociétés représentaient l'équivalent de 2,1 % du PIB (2,9 % en 1995) et 8,1 % des recettes fiscales (10,3 % en 1995). Dans les deux cas, cela représente environ la moitié du niveau des années 1960, une chute spectaculaire qui n'a pas d'équivalent dans les autres pays développés[18] ».

---

16. GODBOUT, Luc (dir.) (2006), *Agir maintenant pour le Québec de demain*, Québec, Presses de l'Université Laval, p. 18.

17. Comité consultatif sur l'économie et les finances publiques (2009), *Le Québec face à ses défis*, Québec, Gouvernement du Québec, p. 26.

18. CHAVAGNEUX, Christian et Ronen PALAN (2007), *Les paradis fiscaux,* Paris, La Découverte, p. 110.

Comme c'est bien souvent le cas, les États-Unis viennent fausser les représentations que nous avons, ils sont beaucoup plus souvent l'exception du monde occidental que la norme.

5. « Les pays sociaux-démocrates sont les grands perdants de la mondialisation »

Le discours qui est dominant, notamment dans la presse écrite, épouse presque parfaitement les contours de la conception néolibérale de l'intervention de l'État face à la mondialisation. Cette thèse arrive à la conclusion que les pays interventionnistes ne peuvent pas bien réussir face à la mondialisation à cause de leur niveau de taxation trop élevé qui nuit à leurs exportations et à la croissance économique. La mondialisation néolibérale produirait donc une convergence des politiques publiques vers le modèle néolibéral américain. Les faits ne confirment pourtant pas ce préjugé.

Il n'existe pas de corrélation entre le niveau des exportations d'un pays et le faible degré d'intervention de l'État dans l'économie[19]. Cette affirmation est facile à vérifier.

19. PAQUIN, Stéphane (2010), « Les rumeurs sur ma mort sont grandement exagérées. La mondialisation et les politiques publiques », dans Stéphane Paquin, Luc Bernier et Guy Lachapelle, *Analyse des politiques publiques*, Montréal, Presses de l'Université de Montréal, p. 355-380.

Comme l'affiche le tableau 2 plus loin, on constate que l'Allemagne figure en troisième position parmi les douze premiers pays exportateurs dans le monde lors de l'année 2010[20]. L'Allemagne possède pourtant un État social important, les recettes fiscales y représentent 37 % du PIB. C'est le cas également des Pays-Bas, en cinquième position, dont les recettes fiscales représentent 39,1 % du PIB, de la France qui est sixième avec des recettes fiscales qui représentent 43,2 % du PIB, de l'Italie qui est huitième alors que les recettes fiscales représentent 43,3 % du PIB, de la Belgique qui est neuvième avec des recettes fiscales qui représentent 44,2 % du PIB, du Royaume-Uni qui est dixième avec des recettes fiscales importantes (35,7 %) et du Canada qui est treizième avec des recettes fiscales assez élevées (32,3 %). D'autres pays très interventionnistes comme la Suède (46,3 %), l'Autriche (42,7 %), la Norvège (42,6 %), le Danemark (48,2 %) et la Finlande (43,1 %) sont également dans les 40 premiers pays exportateurs mondiaux malgré leur très petite taille.

En regroupant les pays de l'Union européenne, il devient facile de voir à quel point les pays sociaux-démocrates n'ont pas été les grands perdants de la mondialisation. Alors qu'ils forment ensemble la zone la plus taxée de la planète, les 27 pays de l'UE

---

20. À ce chapitre, l'Allemagne a été dépassée par la Chine pour la première fois en 2009.

représentent 15 % du commerce mondial devant la Chine à 13,3 % et les États-Unis à 10,8 %[21].

Tableau 2
Principaux pays exportateurs (BRIC et OCDE)

Pays exportateur	Rang mondial	Part des exportations mondiales	Pourcentage des exportations de biens et de services sur le PIB		Variation entre 1990 et 2008
		2010	2008	1990	
Chine	1	10,40 %	*42,53 %	19,04 %	123,37 %
États-Unis	2	8,40 %	15,20 %	9,59 %	58,50 %
Allemagne	3	8,30 %	44,10 %	24,24 %	81,93 %
Japon	4	5,10 %	17,40 %	10,49 %	65,87 %
Pays-Bas	5	3,80 %	72,60 %	56,45 %	28,61 %
France	6	3,40 %	27,70 %	21,25 %	30,35 %
Corée	7	3,10 %	29,10 %	19,22 %	51,40 %
Italie	8	2,90 %	85,30 %	69,47 %	22,79 %
Belgique	9	2,70 %	30,40 %	23,87 %	27,36 %
Russie	12	2,60 %	34,30 %	25,81 %	32,89 %
Canada	13	2,50 %	26,50 %	18,19 %	45,68 %
Inde	20	1,40 %	*21,16 %	7,30 %	189,86 %
Brésil	22	1,30 %	*13,68 %	8,20 %	66,83 %
Suède	26	1,00 %	56,50 %	37,73 %	49,75 %
Autriche	29	1,10 %	50,50 %	30,49 %	65,63 %
Danemark	34*	*0,7 %	53,70 %	37,15 %	44,55 %
Finlande	37*	*0,6 %	45,00 %	21,25 %	111,76 %

Source : OCDE, 2010. Calculs de l'auteur.
Les chiffres avec un (*) sont de 2007.

---

21. Organisation mondiale du commerce (2011). *Statistiques du commerce international*, Lausanne, Publications de l'OMC, p. 34.

Lorsque l'on regarde les exportations de biens et de services en pourcentage du PIB, on voit facilement la bonne performance des pays interventionnistes. L'Allemagne exporte en 2008 l'équivalent de 44 % de son PIB, l'Autriche 57 % et la Suède 51 % et le Danemark 54 %, ce qui est mieux que les États-Unis ou les BRIC (Brésil, Russie, Inde et Chine). Les États-Unis exportaient seulement environ 15 % de leur PIB en 2008. En 2008, le Brésil exportait seulement 14 % de son PIB, l'Inde 21 %, la Russie 27 % et la Chine 43 %.

Dans tous les cas, la croissance des exportations sur le PIB est prononcée depuis 1990. La variation relative des exportations entre 1990 et 2008, c'est-à-dire la croissance des exportations en pourcentage du PIB, est de 111 % en Finlande, 82 % en Allemagne, 65 % en Suède, 50 % en Autriche et 45 % au Danemark, et cela dans un contexte de mondialisation et de concurrence mondiale accélérées.

Il est vrai cependant que la croissance des exportations de biens et de services des BRIC est également phénoménale : la croissance est de 47 % pour la Russie, 67 % pour le Brésil, 190 % pour l'Inde, mais à partir d'une très petite base, et de 123 % pour la Chine. Il ne faut cependant pas exagérer l'importance des BRIC dans l'économie mondiale. Mis à part la Chine qui représente 9,6 % du commerce mondial, ce qui est davantage que les États-Unis, la Russie exporte moins que la minuscule Belgique qui exportait quant à elle trois fois plus que l'Inde alors que les exportations du Brésil sont équivalentes à celles de la Suède, de l'Autriche ou de la Norvège !

6. « Les pays à bas salaires et à faible taxation réduisent à néant l'attrait d'investir dans les pays développés »

Avec l'accélération bien réelle de la mondialisation financière depuis les années 1960-1970, les détenteurs du capital ont de multiples possibilités d'investir leurs capitaux partout dans le monde, notamment dans les pays à bas salaires. La conséquence de ce changement fondamental veut que les États soient contraints à baisser leur niveau de taxation afin d'attirer les investissements étrangers. Puisque la mondialisation exige un environnement national compétitif, les États n'auraient d'autre choix que de réduire le coût du travail, de réviser radicalement les politiques sociales et de diminuer les standards sociaux. Les néolibéraux et la gauche radicale prédisent du dumping social, des dérégulations concurrentielles, une contraction prononcée de l'État-providence ; le tout accélérant un nivellement vers le bas sur les plans social et environnemental.

Encore une fois, les statistiques ne confirment pas cette hypothèse. Contrairement à ce qu'affirment certains auteurs qui croient que les capitaux sont investis là où les salaires et les coûts d'implantation sont les plus bas et que ce phénomène provoque une « course vers le bas », les données empiriques démontrent plutôt que la vaste majorité des investissements directs étrangers (IDE) se dirigent vers les pays développés dans lesquels la taille de l'État est importante, où la taxation des entreprises est élevée, où les coûts de main-d'œuvre sont importants et où il existe de nombreuses normes de travail[22].

Selon Nathan M. Jensen, il n'existe que très peu de preuves empiriques qui permettent de soutenir l'idée que les taxes ou les autres formes de politiques fiscales affectent sérieusement les IDE. Il écrit : « Le niveau de taxes sur les entreprises et les dépenses publiques n'ont à peu près aucun impact sur les IDE entrants. Les gouvernements qui maintiennent à des niveaux élevés les dépenses gouvernementales et les taxes sur les entreprises ne sont pas punis par les marchés financiers internationaux[23]. » Duane Swank partage cet avis. Il écrit : « Contrairement à l'affirmation concernant la mobilité internationale du capital [...] la capacité fiscale des gouvernements démocratiques de financer une variété de niveau et de dosage de protection sociale et de services est relativement résiliente face à l'internationalisation des marchés financiers[24]. » Il n'existe pas non plus de corrélation

---

22. HAY, Colin, *op. cit.*, p. 329-333.
23. JENSEN, Nathan M. (2008), *Nation-States and the Multinational Corporation : A Political Economy of Foreign Direct Investment*, Princeton, Princeton University Press, p. xii.
24. SWANK, Duane (2002), *Global Capital, Political Institutions*

entre la taille de la fonction publique et la fuite des capitaux. Selon Geoffrey Garrett, il n'y a pas de preuve empirique de prime de risque sur les taux d'intérêt des pays qui ont une tendance expansive[25].

Ces faits sont importants, mais de nombreuses personnes soutiennent le contraire. Différentes organisations publiques ou privées publient, par exemple, des évaluations de l'attractivité des territoires pour les investissements étrangers. C'est le cas de la Commission européenne, de la Banque mondiale du World Economic Forum, de l'International Institute of Management Development ou encore de la firme de consultants AT Kearney. Dans bien des cas, un pays comme la France se classe mal, souvent même très mal. Certains spécialistes s'entendent pour dire que la France est le contre-modèle presque parfait dans une économie mondialisée.

Pourtant, le classement attribué à la France par ces instituts ne correspond pas à son attractivité réelle, car selon les années elle se classe au troisième, au quatrième ou au cinquième rang mondial pour l'attraction des IDE alors qu'elle se trouve au trentième et même au soixantième rang dans les diverses analyses des organisations d'évaluation. La France peut compter sur une main-d'œuvre très

---

and Policy Change in Developed Welfare States, Cambridge, Cambridge University Press, p. 276.

25. GEOFFREY, Garrett (1998), «Shrinking States? Globalization and National Autonomy in the OECD», *Oxford Development Studies*, vol. 26, n° 1, p. 453-478.

productive (davantage que les États-Unis et le Québec) par heure travaillée, des infrastructures de qualité et sa situation au cœur du marché européen et de la zone euro (contrairement au Royaume-Uni par exemple), ce qui fait d'elle une candidate idéale pour les investissements étrangers. En 2009, 42,3 % du capital des plus grosses entreprises françaises était détenu par des étrangers, ce qui représente 405 milliards de dollars[26].

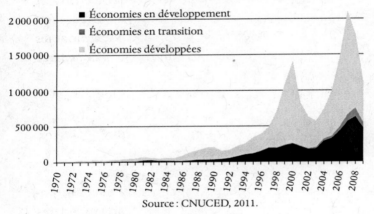

Graphique 1
Flux entrants et sortants d'IDE : 1970-2009

Source : CNUCED, 2011.

Comme le démontre le graphique 1 ci-dessus, la somme des flux économiques ne s'est pas toute

26. BAYART, Bertille (2010), « Les étrangers investissent le CAC 40 », Le Figaro.fr (http://www.lefigaro.fr/bourse/2010/08/08/04013-20100808ARTFIG00166-les-etrangers-investissent-le-cac-40.php).

déplacée des pays développés vers ceux qui ne le sont pas ; l'assèchement ne s'est pas produit. Il faut bien comprendre que ce qui stimule avant tout l'investissement est le potentiel de rendement. Il se trouve que les pays développés ont fait leurs preuves depuis longtemps à cet égard. La taxation permet en bonne partie de créer ces conditions qui favorisent la rentabilité des investissements : éducation de qualité, main-d'œuvre soignée par un système de santé, système judiciaire fiable, sécurité des personnes, structure de transport efficace, approvisionnement stable en énergie, climat politique ouvert au développement entrepreneurial, etc. Les niveaux de salaires et de taxations ne sont que deux variables dans les longues formules qui servent à comparer les lieux d'investissement.

7. « Les pays développés connaissent une épidémie de délocalisation »

Au Québec et un peu partout parmi les pays développés, on s'inquiète des délocalisations et des conséquences sur l'emploi. Les lucides soutiennent par exemple que la concurrence asiatique a déjà détruit de nombreux emplois à bas salaires et commencent à s'attaquer aux emplois dans le secteur des services. Est-ce le cas ? Depuis environ trente ans, il est vrai que la proportion des emplois manufacturiers a diminué, mais il faut cependant ajouter que la production a pour sa part augmenté également de façon importante grâce à l'informatisation des systèmes de production et au progrès de la mécanisation[27]. Conséquemment, la majorité de la baisse tendancielle du nombre d'emplois dans le secteur manufacturier s'explique mieux par la hausse de la productivité que par les délocalisations.

Contrairement à une certaine perception populaire, le Québec ne régresse pas économiquement et n'est pas victime d'une immense vague de délocalisation. La machine économique québécoise a même produit de bons résultats depuis les vingt dernières années. Entre 1987 et 2007, 812 000 emplois ont été créés, ce qui a propulsé le taux d'emploi des 15 ans et plus à 60,9 %, soit un niveau record depuis plus de 30 ans[28]. Chez les 15 à 64 ans, le record est lui aussi dépassé avec un taux historique, au-dessus de 71 %, qui n'a pratiquement pas été affecté par la récession de 2008, comme le montre le graphique 2.

Les nouvelles sont aussi bonnes du côté du taux de chômage. Les données rappellent que la situation économique s'est globalement améliorée depuis le milieu des années 1990. À ce chapitre, la récession de 2008 n'a pas ramené l'économie collective au même niveau que celui des années 1980-1995.

---

27. PAQUIN, Stéphane (2008), *La nouvelle économie politique internationale : théories et enjeux*, Paris, Armand Colin, 2008, p. 169.
28. BÉRUBÉ, Gérard (12 et 13 mai 2007), «Le chômage québécois à son plus bas en 33 ans», *Le Devoir*, p. C1.

Graphique 2
Taux d'emploi au Québec sur une période de 35 ans

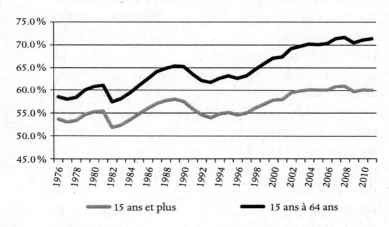

Source : Données de Statistique Canada. CANSIM, tableau 282-0002.

Graphique 3
Taux de chômage du Québec sur une période de 35 ans

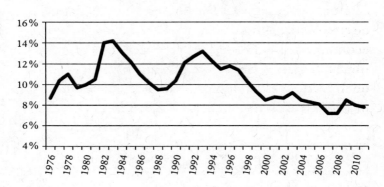

Source : Données de Statistique Canada. CANSIM, tableau 282-0002.

Certains diront que le taux d'emploi a atteint un niveau record et que le taux de chômage est peut-être bas, mais que les emplois sont précaires, souvent à temps partiel et moins bien payés qu'avant. Cette thèse n'est pas démontrée. La rémunération hebdomadaire moyenne au Canada est passée de 462 $ en 1987 à 757 $ en 2007 en dollars courants. Si l'on tient compte des prix à la consommation, les 462 $ de 1987 valent 715 $ en 2007. Les travailleurs ont ainsi protégé, en moyenne, leur pouvoir d'achat et l'ont même augmenté légèrement[29].

Est-ce que les travailleurs doivent désormais travailler plus longtemps pour atteindre ce niveau de salaire ? Cette hypothèse est infirmée par les faits, car, comme le présente bien le graphique 4, les Québécois travaillent moins d'heures qu'auparavant.

Est-ce que les travailleurs doivent multiplier les emplois pour avoir un revenu décent, comme ce qu'on décrit aux États-Unis, par exemple ? Il semble que non puisque 77 % des emplois créés depuis 20 ans le sont à temps plein. Il est vrai cependant que le marché de l'emploi est plus précaire, notamment parce que l'on observe une augmentation importante des travailleurs autonomes. Depuis 1987, le nombre de travailleurs indépendants est passé au Canada de 1,7 à 2,6 millions. La part des emplois gouvernementaux diminue également en termes relatifs. En 1987,

---

29. PICHER, Claude (9 avril 2007), « Le mythe des jobines », *La Presse*.

Graphique 4
Évolution de la semaine de travail
des Québécois depuis 35 ans

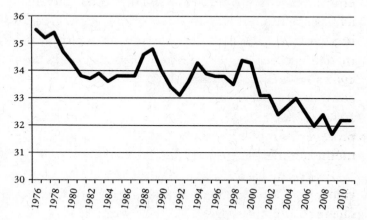

Nombre moyen d'heures effectivement travaillées. Données de
Statistique Canada. CANSIM, tableau 282-0018.

25 % des travailleurs étaient à l'emploi de la fonction
publique, contre 23 % en 2007[30].

René Morissette et Anick Johnson de Statistique
Canada en arrivent à une conclusion similaire pour
l'ensemble du Canada. Ils écrivent : « Notre principale
constatation est que presque tous les ensembles de
données utilisés ne permettent *jusqu'à présent* de
dégager que peu de preuves d'une corrélation entre
la délocalisation, quelle qu'elle soit définie, et

---

30. *Ibid.*

l'évolution des taux d'emploi et de mises à pied[31]. »
Ils affirment notamment dans leur étude que les
emplois dans les professions à risque d'être affectées
par les délocalisations dans le secteur des services ont
progressé de 1,8 % par année en moyenne entre 2000
et 2006, ce qui est le même rythme que pour les
autres professions non à risque.

8. « Le Québec a perdu la bataille du libre-échange avec les États-Unis »

Selon un sondage Léger Marketing de 2004, une
majorité de Québécois (67 %) croient que ce sont les
États-Unis qui ont « surtout profité du libre-échange »
alors que seulement 18 % croient que le libre-
échange a profité surtout au Canada. Est-ce le cas ?
Le Québec et le Canada ont-ils perdu la bataille du
libre-échange ? Le libre-échange a-t-il provoqué le
démantèlement des programmes sociaux du Québec
et du Canada, comme le craignaient le Nouveau
Parti démocratique (NPD) et les libéraux dans les
années 1980 ?

En 1988, les exportations canadiennes à destination des États-Unis représentaient 105 milliards de

---

31. MORISSETTE, René, et Annick JOHNSON (2007), « La délocalisation et l'emploi au Canada : quelques points de repère »,
Division de l'analyse des entreprises et du marché du travail,
Statistique Canada, ministère de l'Industrie, p. 4. Les italiques
sont dans le texte original.

dollars. En 2009, elles ont atteint 370 milliards, un bond phénoménal, même en tenant compte de l'inflation. En 2009, c'est 66 % de la production canadienne de marchandises qui est exportée au sud de la frontière. De plus, les États-Unis sont, en 2008, les premiers investisseurs étrangers au Canada avec plus de 65 % du total, alors que 43 % des investissements directs étrangers canadiens s'y dirigent[32].

Dans le cas du Québec, les marchés les plus importants pour ses entreprises après les États-Unis sont le Royaume-Uni, l'Allemagne, la France et la Chine. Il faut un an à ces pays pour consommer ensemble autant de produits québécois que les États-Unis en moins de deux mois. Plus important encore : parmi les principaux partenaires commerciaux du Québec, ce dernier est en déficit avec presque tous, sauf un seul : les États-Unis. De surcroît, le Québec exporte, selon les chiffres de 2009, presque deux fois plus qu'il n'importe des États-Unis. Il exporte pour 40 milliards et importe pour 22 milliards, un surplus considérable.

Est-ce que l'intégration continentale et les colossaux investissements américains ont eu pour effet de créer une prise de contrôle des entreprises québécoises par des multinationales américaines ? Est-ce

---

32. Cette section est une synthèse à jour de l'article suivant : PAQUIN, Stéphane, et Annie CHALOUX (2009). « Comment vit-on aux marges de l'Empire ? Les relations Canada–États-Unis et la nature de la relation transatlantique », *Études internationales*, vol. 40, n° 2, p. 201-221.

que les centres de décisions économiques ont été délocalisés au sud de la frontière ? Non.

Dans les années 1960, l'économie québécoise était majoritairement détenue par des étrangers, mais, depuis 1965, le chemin parcouru par les Québécois est étonnant et probablement inédit en Occident. Les Québécois francophones ont repris le contrôle de leur économie. En 2003, selon François Vaillancourt, les francophones détenaient environ 67 % de leur économie, comparativement à 47 % 40 ans plus tôt. C'est une progression spectaculaire dans un contexte de mondialisation, de libéralisation des échanges et de fusions et acquisitions record.

Est-ce que cette dépendance commerciale et ces investissements massifs ont limité les choix du gouvernement canadien et des provinces ? Est-ce que le libre-échange a forcé les Canadiens et les Québécois à adopter le modèle économique et social américain ? Encore une fois, les preuves empiriques ne confirment pas cette hypothèse. Il est vrai que le modèle social canadien connaît des problèmes en matière d'efficacité et de financement, mais il est difficile d'expliquer ces problèmes par le libre-échange avec les États-Unis. On peut même soutenir le point de vue exactement inverse.

Depuis la conclusion de l'accord de libre-échange et de l'ALENA, le Canada est sorti plus rapidement de la récession du début des années 1990, il a profité d'une croissance forte et d'importants surplus commerciaux. Cette croissance et ces surplus ont procuré plus de revenus aux gouvernements fédéraux et provinciaux. Cela a permis au gouvernement canadien d'éliminer ses déficits publics, de diminuer sa dette, de baisser les impôts en plus de réinvestir dans les programmes sociaux et les transferts fiscaux aux provinces. Le gouvernement du Québec a même fortifié son État-providence en instaurant un très coûteux programme d'assurance médicaments et un système public de garderies. Pour contredire cette vision d'une «néolibéralisation» tous azimuts des politiques sociales québécoises, on pourrait aussi rappeler la politique d'équité salariale et la hausse continue du salaire minimum. Si les gouvernements provinciaux composent avec des situations budgétaires difficiles, il est plus logique d'expliquer cette situation par la récession, le déséquilibre fiscal et les baisses d'impôts accordées par ces derniers que par le libre-échange avec les États-Unis.

9. «Sur la scène internationale, le Canada doit voter comme les États-Unis»

Se peut-il que les Américains tolèrent le sous-investissement du Canada sur le plan militaire, ses politiques sociales «libérales» et ses gigantesques surplus commerciaux simplement parce que, pour eux, ce qui compte vraiment, c'est ce qui se passe dans les organisations internationales lors des négociations multilatérales? Autrement dit, le prix à payer pour l'autonomie du Canada est-il d'appuyer les États-Unis dans leurs initiatives internationales à l'ONU par exemple? On entend souvent que les Américains instrumentalisent la bonne réputation du Canada dans le monde afin de légitimer des politiques américaines qui sont particulièrement controversées. Est-ce le cas? Le Canada fait-il figure du 51e État américain lors des grandes réunions multilatérales? Est-ce que le Canada vote plus souvent du côté des États-Unis que de celui de ses partenaires transatlantiques membres du G7?

Encore une fois, les preuves empiriques n'accordent pas beaucoup de crédit à cette hypothèse. Lorsque l'on regarde des enjeux importants pour les Américains dans les organisations multilatérales sur une période d'environ 20 ans, comme le conflit israélo-palestinien, l'embargo cubain, les mines antipersonnel, la question de la peine de mort, la Convention sur la diversité culturelle, la Cour pénale internationale et les changements climatiques, on constate que le Canada vote beaucoup plus souvent avec la France, par exemple, qu'avec les États-Unis. Sur certains enjeux (mines antipersonnel, Convention sur la diversité culturelle), le Canada exerce même parfois un certain leadership qui va dans le sens contraire de la position américaine.

Les pays du G7 défendent des positions assez semblables à celles du Canada sur ces enjeux, votant contre les États-Unis dans des pourcentages assez similaires. Alors que la France a toujours voté en faveur des différentes résolutions (ce qui signifie qu'elle a toujours adopté des positions contraires aux positions américaines), le Canada a, pour sa part, voté contre les positions des États-Unis à près de 89 % des cas.

En matière de politiques internationales, soulignons également le refus du Canada d'aller en Irak et l'absence de sa participation au projet de bouclier antimissile de l'administration Bush. Il ne faudrait pas interpréter ces refus comme le simple rejet des politiques unilatéralistes de l'administration Bush, car ce *modus operandi* était également présent sous l'administration Clinton. Depuis l'arrivée des conservateurs de Stephen Harper au pouvoir en 2006, le Canada s'est cependant rapproché de la position américaine sur plusieurs enjeux sensibles, dont la question des changements climatiques[33].

10. « La pauvreté globale a été accentuée par la mondialisation »

On lit souvent que la mondialisation ne profite qu'à un très petit nombre de personnes. On avance, par

---

33. PAQUIN, Stéphane, et Annie CHALOUX (2009). « Comment vit-on aux marges de l'Empire ? Les relations Canada–États-Unis et la nature de la relation transatlantique », *Études internationales*, vol. 40, n° 2, p. 201-221.

exemple, que la croissance des dernières années s'est accompagnée d'une importante augmentation des inégalités et de la pauvreté parce que la mondialisation est inéquitable et injuste. Selon un rapport de l'ONU paru en 2006, un petit 2 % de l'humanité concentre plus de 50 % de la richesse mondiale, alors que la moitié de la population mondiale n'en détient qu'un maigre 1 %[34]. Un autre exemple, encore plus frappant, est celui de Bill Gates qui possède à lui seul une fortune supérieure au PIB de 140 pays dans le monde incluant des pays de la taille du Costa Rica[35]!

La question de la pauvreté globale et ses liens avec la mondialisation font partie, avec la question des inégalités, des enjeux qui préoccupent le plus la population dans le monde. Selon un gigantesque sondage réalisé par la BBC dans 34 pays en 2008, environ les deux tiers des répondants croyaient que l'évolution économique des dernières années n'avait pas été équitablement partagée[36].

Les riches sont-ils devenus plus riches et les pauvres plus pauvres à cause de la mondialisation? La réponse n'est pas simple puisqu'elle dépend notamment de qui on inclut dans l'échantillon. Si les

34. THORNHILL, John (2008), «Penseur du xxie siècle», *Financial Times,* reproduit dans le *Courriel international,* n° 924 du 17 au 23 juillet 2008, p. 29.

35. BLANKFELD, Keren, «Ces nababs américains pourraient s'offrir des pays entiers», *Forbes.com,* 30 septembre 2009.

36. BBC World Service Poll (2008), «Widespread Unease about Economy and Globalization-Global Pool», 14 p.

pays les plus riches se sont enrichis depuis les années 1970, certains pays ont gravement reculé, comme le Congo. La croissance est cependant très rapide pour de nombreux pays émergents comme la Chine, le Brésil, le Vietnam ou l'Inde. Avant la récession, près de la moitié de la planète et plus de 40 États vivaient dans des pays dont la croissance était de 7 % ou plus sur une base annuelle. À cette vitesse, leur PIB doublera en une petite décennie. Selon le Fonds monétaire international (FMI), depuis 2008, la Chine et l'Inde sont les plus grands contributeurs à la croissance mondiale pour la première fois de l'histoire. On estime même que, d'ici 2050, les premières économies de la planète seront constituées des BRIC (Brésil, Russie, Inde, Chine) et des États-Unis.

La conséquence de cette croissance fulgurante fait en sorte que le nombre de travailleurs qui participent à l'économie mondiale est passé de 1,5 milliard en 1985 à 2,8 milliards de personnes en 2005, dont 550 millions provenant des pays de l'OCDE[37].

Cette croissance sans précédent a eu l'effet positif de réduire la pauvreté comme jamais dans l'histoire. Le niveau de vie des individus a également augmenté, au cours des dernières décennies, dans presque toutes les régions du monde. Les régions qui ne connaissent pas de diminution de la pauvreté

---

37. JANSEN, Marion et Eddy LEE (2007), *Commerce et emploi. Un défi pour la recherche en matière de politiques*, Étude conjointe du BIT et du Secrétariat de l'OMC, p. 17.

sont essentiellement celles qui n'ont pas un bon accès au système mondial des échanges. En effet, la baisse mondiale de la pauvreté de 1981 à 2011 est presque entièrement attribuable au succès asiatique qui s'explique lui-même, en très grande partie, par la croissance phénoménale de la Chine.

Selon la Banque mondiale, l'extrême pauvreté, c'est-à-dire la part de la population des pays en développement vivant avec moins de 1,25 $ dollar par jour, a beaucoup diminué entre 1981 à 2008 (voir le graphique 5). La misère touchait 1,1 milliard de personnes en 2001 contre 1.5 milliard en 1981[38]. Depuis, la tendance se maintient et s'est même accélérée[39]. Dans le Rapport mondial sur le développement humain de 2010, on peut lire que :

> Les 20 dernières années ont vu des progrès substantiels dans bien des aspects du développement humain. La plupart des gens sont aujourd'hui en meilleure santé, vivent plus longtemps, sont mieux éduqués et ont un plus large accès aux biens et aux services. Même dans les pays qui connaissent des conditions économiques défavorables, l'éducation et la santé des gens se sont grandement améliorées. Et ces progrès ne se sont pas limités à la santé, à l'éducation et à

---

38. Banque mondiale, « Dramatic Decline in Global Poverty, but Progress Uneven », 23 avril 2004. http://goo.gl/81Efi.

39. Banque mondiale, « Les taux d'extrême pauvreté continuent de baisser », 2 juin 2010 : http://donnees.banquemondiale.org/actualites/taux-pauvrete.

l'élévation des revenus, mais ont aussi concerné la faculté des gens à choisir leurs dirigeants, à influencer les décisions publiques et à partager le savoir [...]. Presque tous les pays ont bénéficié de ce progrès. Des 135 pays représentant 92 pour cent de la population mondiale, 3 seulement – la République démocratique du Congo, la Zambie et le Zimbabwe – ont un IDH plus bas aujourd'hui qu'en 1970[40].

Graphique 5

Pauvreté dans le monde selon la mesure du 1,25 $ par jour de la Banque mondiale

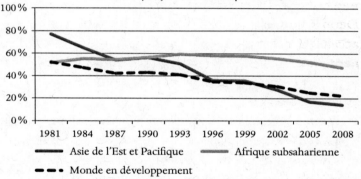

Source : « Regional aggregation using 2005 PPP and $1.25 / day poverty line ». Banque mondiale / PovcalNet. http://iresearch.worldbank.org/PovcalNet/index.htm?1.

Cette diminution sans précédent de la pauvreté s'accompagne d'améliorations dans l'accès aux

---

40. ONU (2010), *Rapport mondial sur le développement humain*, p. 1 et 3. Disponible à l'adresse suivante : http://hdr.undp.org/fr/rapports/mondial/rdh2010/.

services de base. On note dans le monde une hausse significative de personnes qui ont accès à de l'eau propre à la consommation. En Asie du Sud notamment, la progression est importante au point où l'on doit réduire de moitié le nombre de personnes qui n'y avaient pas accès. Conséquemment, le nombre de personnes qui meurent de maladies infectieuses, comme la malaria et la tuberculose, est en diminution dans la majorité des pays pauvres, à l'exception du continent africain. Dans les pays pauvres et les pays à revenus moyens, l'espérance de vie a légèrement augmenté et la mortalité infantile a diminué. Selon l'Unicef, en 2007, pour la première fois de l'histoire, 9,2 millions d'enfants sont morts avant l'âge de cinq ans. C'est beaucoup trop, mais cela représente une diminution importante par rapport aux 12,7 millions de 1990[41]. Depuis les années 1960, la diminution de la mortalité infantile atteint 60 %.

La réduction de la pauvreté mondiale est toutefois moins rapide que la croissance et, même si la mondialisation économique est créatrice de beaucoup de richesses, l'écart entre les pays riches et les pays pauvres augmente. Si l'on dresse un tableau comparatif entre les pays les plus riches et les pays les plus pauvres, le constat est sans appel. En 1965, par exemple, le revenu moyen par personne des pays du G7 était vingt fois supérieur à celui des pays les plus pauvres. En 1995, le revenu moyen par personne

---

41. http://www.unicef.org/french/media/media_45607.html.

des pays du G7 était trente-neuf fois supérieur. Lorsque l'on compare le PIB par habitant des 20 pays les plus riches avec celui des 20 pays les plus pauvres, on constate également un accroissement de l'écart. En 1960, les premiers avaient un PIB par habitant 17 fois supérieur, contre 37 fois en 1996. Il est aussi vrai que le revenu par habitant en Afrique a augmenté plus lentement qu'aux États-Unis, le résultat étant que l'écart avec les États-Unis s'est accru d'un ratio de 12 en 1975, contre 19 en 1995. Si, par contre, on compare l'écart entre les États-Unis et la Chine, c'est la tendance inverse qui s'observe. En 1975, le revenu par habitant aux États-Unis était en moyenne 19 fois plus élevé que le revenu moyen par habitant en Chine (16 000 $ contre 850 $), alors qu'en 1995 la différence diminuait à un rapport de 6 pour 1 (23 000 $ contre 3 700 $)[42].

Est-ce que la libéralisation des échanges est responsable de cette croissance des inégalités? Il est difficile de répondre de façon définitive à cette question. On sait cependant que le protectionnisme en matière d'agriculture affecte considérablement les pays en développement. Dans ce cas, c'est l'absence de mondialisation et un mauvais accès au système mondial des échanges qui posent problème. Ce qui est plus fondamental encore, c'est l'accès à l'éducation, mais aussi aux technologies de l'information et

---

42. THE ECONOMIST (2001), *Globalisation. Making Sense of an Integrating World*, Londres, Profile books Ltd., p. 55-56.

de la communication (TIC). Un pays qui compte une forte proportion d'analphabètes et d'analphabètes technologiques part avec un très lourd handicap. Les régions du monde qui ne connaissent pas de diminution de la pauvreté sont essentiellement celles où l'éducation est déficiente, où l'accès aux TIC est difficile ou qui sont situées en zone de conflits (la guerre civile est sans doute le moyen le plus efficace d'enfoncer une population dans l'extrême pauvreté).

Pour aller plus loin

- PAQUIN, Stéphane (2008), *La nouvelle économie politique internationale : théories et enjeux*, Paris, Armand Colin, 2008.
- PAQUIN, Stéphane (2010), «Les rumeurs sur ma mort sont grandement exagérées. La mondialisation et les politiques publiques», dans Stéphane Paquin, Luc Bernier et Guy Lachapelle, *Analyse des politiques publiques*, Montréal, Presses de l'Université de Montréal, 2010.
- RAVENHILL, John (dir.) (2011), *Global Political Economy*, 3e éd., Oxford, Oxford University Press.
- RODRIK, Dani (2011), *The Globalization Paradox : Democracy and the Futur of the World Economy*, New York, W.W. Norton & Compagny.
- GHEMAWAT, Pankaj (2011), *World 3.0 : Global Prosperity and How to Achieve it*, Cambridge, Harvard University Press.

Terrorisme

Pierre-Alain Clément

Titulaire du diplôme de Sciences Po Paris (master Affaires publiques) et du master de recherche en sécurité internationale et défense (Lyon III Jean-Moulin), Pierre-Alain Clément est doctorant à l'UQAM et chercheur à la Chaire Raoul-Dandurand depuis septembre 2008. Il a auparavant été chercheur associé au Centre d'études et de recherche de l'École militaire (2006-2007) à Paris. Ses travaux portent sur la géopolitique du Moyen-Orient, le terrorisme islamiste, le contre-terrorisme et l'armement. Il est l'auteur de *G.I. contre jihad : le match nul – Al-Qaïda et les États-Unis sous George W. Bush*, publié aux Presses de l'Université du Québec.

1. « Il est devenu terroriste parce qu'il est pauvre »

Le terrorisme, phénomène impliquant violence et politique, est naturellement l'objet de nombre d'idées reçues récurrentes dans le discours de tous les jours. Cependant, on ne peut pas vraiment reprocher la persistance de ces images préconçues à l'homme de la rue : les médias et les hommes politiques font bien peu pour l'éclairer, quand eux-mêmes ne sont pas victimes de ces images. Pour tout dire, même les politologues spécialistes de la question ajoutent parfois à la confusion. Il faut reconnaître qu'il est plutôt ardu de rencontrer des « terroristes », ce qui rend l'étude de cet objet plus complexe que l'étude d'autres objets politiques moins marqués émotionnellement. Le malaise est tel que certains politologues estiment que le terrorisme ne peut faire partie du vocabulaire scientifique tant il a été galvaudé par les instrumentalisations politiques.

On dit donc que le terroriste typique est pauvre, sans éducation et musulman. Ces éléments, servant de portrait-robot, se renforcent entre eux pour maintenir une image faussée du phénomène terroriste à la fois dans son évolution historique et dans ses développements actuels. Pour aller vite, l'histoire moderne du terrorisme se découpe, en suivant David Rapoport, en quatre phases : la première comprend les anarchistes de la deuxième moitié du XIXᵉ siècle ; la deuxième comprend les mouvements de décolonisation des années 1920 aux années 1960 ; la troisième comprend les mouvements radicaux d'extrême gauche lors des « années de plomb » (fin des années 1960-fin des années 1980) ; la quatrième comprend les mouvements jihadistes et a débuté à la suite de la révolution iranienne de 1979. Afin de mieux en discerner les contours, on peut résumer le terrorisme en soulignant ses caractéristiques les plus importantes. Le phénomène vise d'abord la subversion politique plutôt que la victoire au sens militaire du terme. Il procède par la violence privée, c'est-à-dire qu'il n'est pas mandaté par l'État ou la communauté dont l'organisation se prétend le défenseur. En visant avant tout des cibles symboliques, qui marquent vivement la conscience collective par la stupeur, plutôt que des cibles « de guerre » (voies de communications, usines, soldats, villes, etc.), qui visent à affaiblir concrètement l'ennemi, l'objectif final est de se faire reconnaître par l'État cible[1].

Les terroristes apparaissent donc souvent dans l'imaginaire, au sens large, comme des pauvres. Tout d'abord, leur opposition violente à un ordre établi les fait passer pour des radicaux, des marginaux de la société dans laquelle ils vivent. Les pauvres sont *a priori* ceux qui ont le plus à gagner d'un renversement de l'ordre établi contre « l'élite ». Les idéologies révolutionnaires (à l'extrême gauche comme à l'extrême droite) font ouvertement appel aux « petits », aux « modestes » contre les « gros » et les « puissants », ce qui leur a attiré, à tort ou à raison, des accusations de populisme.

---

1. Pour une information détaillée sur cette définition, voir Pierre-Alain Clément, « Le terrorisme : compréhension possible, prédiction improbable », dans *G.I. contre jihad : le match nul*, Presses de l'Université du Québec, 2010, p. 9-26.

Pourtant, les individus qui choisissent la stratégie terroriste ont bien souvent des profils sociologiques et psychologiques banals. Certes, une exposition précoce à la violence peut favoriser la reproduction de la violence, mais la violence terroriste dépasse le simple mécanisme psychologique de reproduction de la violence par mimétisme. En effet, le terrorisme procède d'une idéologie politique, souvent élaborée, qui en fait une violence symbolique. Les cibles choisies et la méthode utilisée sont soigneusement planifiées pour un effet psychologique maximal sur la cible. N'importe quel désespéré qui tire dans la foule ou se fait exploser ne résulte pas d'une logique terroriste, qui suppose au minimum une stratégie et un projet politiques ainsi qu'une dualité de cibles (entre les victimes directes et le gouvernement qui est la cible principale).

C'est ainsi que nombre de terroristes, comme Al-Qaïda a pu le montrer, sont des individus qui ont reçu une éducation parfois poussée et qui appartiennent à la classe moyenne, voire supérieure, et ont une formation universitaire : plusieurs des membres de la cellule de Hambourg, qui a joué un rôle considérable dans le 11 septembre, avaient fait des études universitaires ou provenaient de milieux familiaux fortunés. Par exemple, Mohamed Atta, coordonnateur des attentats et pilote du premier avion contre le World Trade Center, avait fait sa maîtrise en planification urbaine et son père était avocat. Issu de parents fonctionnaires, le pilote de l'avion qui s'est écrasé en Pennsylvanie, Ziad Jarrah, avait étudié en ingénierie aéronautique. Oumar Farouk Abdulmuttalab, auteur de la tentative d'attentat sur le vol Amsterdam-Detroit du 25 décembre 2009, était le fils de l'ancien directeur de la First Bank of Nigeria et ancien ministre du développement économique du Nigeria. Oussama Ben Laden appartenait à une famille d'Arabie saoudite proche du pouvoir et ayant fait fortune dans la construction. Son ancien bras droit, actuel dirigeant de l'organisation, Aïmane Al-Zawahiri, était issu d'une famille de la classe moyenne supérieure, qui a donné à l'Égypte plusieurs médecins et universitaires.

Si des actes commis de manière isolée et sans réseau peuvent être le fait de «marginaux», plus l'organisation est structurée et met sur pied des plans élaborés, plus elle doit trouver des gens capables d'agir efficacement dans la clandestinité. Il faut ici bien faire la différence entre terrorisme et guérilla. Les guérillas telles les Forces armées révolutionnaires de Colombie (FARC) ou le Sentier lumineux au Pérou peuvent avoir besoin de gros bras peu formés pour mener leurs actions. Le terroriste, pour sa part, doit plus souvent manier la discrétion que la Kalachnikov. Tous ces éléments n'excluent pas qu'une recrue soit économiquement pauvre, mais le profil qu'elle doit remplir (autonomie, compétences variées, maîtrise de l'environnement) fait qu'on va plutôt la retrouver dans les classes moyennes et supérieures. Le parcours de quelqu'un comme Ilich Ramirez Sanchez (dit Carlos)[2], fils d'avocat, est à ce titre exemplaire.

2. « Le terroriste est illettré »

Inséparable de l'idée précédente, le terroriste est communément perçu comme étant sans éducation. Les gens éduqués réussissent mieux dans la vie et ont donc les moyens de s'adapter aux contraintes de la société. Ceux qui contestent par la violence l'ordre établi ne peuvent donc être que des marginaux. Après tout, si l'on n'est pas un perdant du système, pourquoi le révolutionner? On peut à la rigueur vouloir le réformer. Il est d'autre part bien connu

---

2. Surnommé aussi le Chacal, Carlos, né à Caracas au Venezuela, est très tôt séduit par le tiers-mondisme et le communisme. Expulsé d'Union soviétique où il étudiait, il rejoint les rangs du Front populaire de libération de la Palestine. Il est connu pour ses attaques audacieuses: attaque au lance-roquettes d'un avion israélien dans l'aéroport d'Orly (Paris) en janvier 1975, prise d'otages des représentants de l'OPEP à Vienne en décembre 1975 pour le compte de Kadhafi. Il a commis de nombreux attentats en France et a tué en juin 1975 plusieurs agents de la Direction de la surveillance du territoire (contre-espionnage et service de lutte anti-terroriste français), action pour laquelle il a été condamné à perpétuité en France, peine qu'il purge depuis 1997 après son arrestation en 1994. En prison, il se rapproche idéologiquement d'Al-Qaïda.

que les gens éduqués forment «l'élite», celle des «experts dépolitisés», celle du centrisme, celle qui maintient l'ordre établi au-delà des différences partisanes. Ils forment «l'establishment» comme peut le dire Jean-Marie Le Pen, l'ancien chef du Front national, un des partis d'extrême droite français.

Pourtant, les mouvements terroristes, en raison de leurs objectifs politiques, sont mus par définition par une idéologie. Cette idéologie requiert deux éléments. Tout d'abord des penseurs qui en sont à l'origine. Ensuite, des fidèles à même d'en comprendre les grands traits et de se les approprier.

Du côté des penseurs, l'histoire montre que les dirigeants d'organisations employant le terrorisme s'appuyaient sur des montages idéologiques souvent élaborés : les anarchistes tels Serge Kravtchinski ou Émile Henry justifiaient leurs actions sur un vaste corpus de textes politiques et philosophiques, de même que les organisations qui luttaient pour la libération nationale qui pouvaient s'appuyer sur le droit international et les écrits de nombreux philosophes des Lumières (comme l'Irish Republican Army (IRA) en Irlande, l'Ethniki Organosis Kyprion Agoniston (EOKA) à Chypre, le Front de libération nationale (FLN) en Algérie, plus le cas particulier d'Israël, dont le futur premier ministre Menachem Begin, en tant que dirigeant de l'Irgoun responsable de l'explosion de l'hôtel King David en 1946, a utilisé le terrorisme pour atteindre ses objectifs). Les organisations terroristes de la Nouvelle Gauche (la

Fraction armée rouge, les Brigades rouges) se fon-
daient elles aussi sur toute une idéologie marxiste-
léniniste agrémentée de considérations plus contem-
poraines. Enfin, l'idéologie des jihadistes d'Al-Qaïda
(forgée par Abdallah Azzam, Oussama Ben Laden
et Aïmane Al-Zawahiri, puisant dans Sayyid Qutb[3])
repose sur une lecture globale du monde, offrant
des clés d'intelligibilité puisées dans le tiers-
mondisme et l'anti-impérialisme, recouverte d'un
vernis religieux. Le terrorisme d'extrême droite, tel
que les attentats d'Oslo l'ont récemment illustré, se
construit lui aussi sur une littérature prolifique. Si
le Norvégien Anders Breivik admet ne pas avoir
terminé l'école secondaire, son *Manifeste* de 1 500
pages[4] relève d'un travail intellectuel certain,
quoiqu'on puisse penser de ses fautes logiques et de

---

3. Sayyid Qutb fut un membre influent des Frères musulmans
égyptiens, directeur de leurs publications entre 1953 et leur
dissolution par Nasser en 1954, après avoir vécu deux ans
aux États-Unis entre 1948 et 1950. À cette époque, il s'inscrit,
comme Nasser, dans la mouvance tiers-mondiste, anticolo-
nialiste et non alignée mais en réfutant le nationalisme pana-
rabiste du dirigeant égyptien comme trop éloigné des ensei-
gnements de l'Islam. Bien que son approche fut critiquée par
les salafistes comme prenant trop de liberté avec les textes
sacrés, il demeure estimé comme un martyr (il fut pendu en
1966 par Nasser), pour sa critique du mode de vie occidental et son rôle de précurseur dans l'invocation de la religion
comme référent culturel de mobilisation pour l'émancipation
politique (en un mot l'islamisme) à la place du nationalisme.

4. Anders Breivik, *2083, A european declaration of independence*,
publié à compte d'auteur, 2011, 1518 p.

ses informations parcellaires. Ainsi, on peut dire que toute forme de terrorisme commence au départ par un nécessaire effort intellectuel et idéologique.

Du côté des exécutants, il est évident que la compréhension de toutes les subtilités de l'idéologie poursuivie n'est pas requise. Cependant, plus on a affaire à un individu proche du sommet de la hiérarchie ou autonome dans l'organisation, plus la connaissance devient importante. Les individus hiérarchiquement importants doivent nécessairement dominer les subalternes de leur savoir afin de justifier leur rôle de commandement. Au niveau du commandement d'Al-Qaïda, cette tendance est nette : Oussama Ben Laden a suivi des études de génie civil et s'est largement intéressé aux écrits salafistes, comme « Jalons sur la route », l'œuvre intransigeante de Sayyid Qutb, avant de rejoindre la prospère entreprise familiale. Aïmane Al-Zawahiri est médecin-chirurgien tandis qu'Abdallah Azzam est docteur en théologie, malgré une origine sociale modeste. Les cas des individus autonomes sont plus intéressants. Ainsi, les attentats réussis d'Al-Qaïda commis en Occident (11 septembre, Madrid en 2004, Londres en 2005) révèlent que plusieurs des auteurs avaient eu un parcours universitaire. On a cité plus haut les cas de Mohamaed Atta et de Ziad Jarrah. On peut également mentionner l'auteur de la tentative d'attentat de Times Square en 2010, Fayçal Shahzad, qui détient un diplôme de deuxième cycle (M.B.A.), ou encore Oumar Farouk Abdulmutallab, qui a un diplôme de génie mécanique et de finance à Londres et a abandonné son programme de M.B.A. à Dubaï. Dans tous ces cas, il s'agissait de cellules très autonomes et de taille réduite, qui devaient donc disposer d'un grand nombre de compétences diverses (techniques, sociales, linguistiques, etc.) et d'une détermination sans faille qui excluent qu'on retrouve dans des attentats sophistiqués des individus sans éducation.

3. « Le terrorisme vient d'ailleurs »

L'immense surface médiatique que possède Al-Qaïda pourrait faire oublier, en particulier aux États-Unis, que cette organisation n'a frappé l'Occident qu'une poignée de fois dans son histoire : lors de l'attentat contre le World Trade Center en 1993, contre les ambassades américaines à Dar es Salam et Nairobi en 1998, contre l'escorteur d'escadre *USS Cole* en 2000, contre New York et le Pentagone en 2001, contre Londres en 2004 et Madrid en 2005, contre l'ambassade américaine à Sanaa en 2008. La liste des attentats d'Al-Qaïda dans des pays musulmans est bien plus longue. Al-Qaïda a également tué plus de musulmans que d'Occidentaux depuis son origine, y compris en tenant compte du 11 septembre[5].

---

5. Scott Helfstein, Nassir Abdullah et Muhammad al-Obaidi, *Deadly Vanguards : a study of al-Qa'ida's violence against muslims*, Combating Terrorism Center – West Point, 3 décembre 2009.

Pourtant, le terrorisme le plus répandu en Occident ne provient pas de l'étranger, mais bien de l'intérieur. Réciproquement, les organisations étrangères à l'Occident, comme les groupes jihadistes, frappent avant tout dans leur propre pays. Ainsi les terroristes anarchistes européens frappaient dans leur pays ou dans un pays limitrophe, comme Sante Geronimo Caserio, Italien, qui a assassiné le président français Sadi Carnot en 1894. Un siècle plus tard, durant les « années de plomb », les organisations italiennes (comme les Brigades rouges), françaises (comme les Brigades internationales et Action directe) et ouest-allemandes (comme la Fraction armée rouge) tissent des liens entre elles et proclament des objectifs planétaires (le renversement des dictatures, le marxisme-léninisme), mais agissent principalement dans leur pays d'origine.

À l'heure actuelle, les États-Unis tout comme l'Europe sont moins menacés par des jihadistes venus d'ailleurs que par des mouvements internes. Ainsi, selon le FBI, entre 1980 et 2005, les actes terroristes commis par des extrémistes musulmans équivalent au nombre d'actes commis par des extrémistes juifs (environ une quinzaine d'actes sur 318 répertoriés, soit 5 % chacun)[6]. S'il est vrai que, durant cette période, neuf morts sur dix (environ 2 900 sur 3 200) sont dus à Al-Qaïda, cet acte unique

---

6. Voir le rapport « Terrorism 2002-2005 », disponible sur le site du FBI.

fausse la réalité : d'autres sources de terrorisme aux États-Unis ne reçoivent pratiquement pas de surface médiatique, même s'ils sont plus actifs. Ainsi, le lieu des États-Unis qui subit le plus d'actes sur la période est Porto Rico, les attentats commis par des Hispaniques étant les plus nombreux (presque la moitié). À l'heure actuelle, le FBI enregistre surtout des actes commis par des « éco-terroristes » (groupes écologistes ou de défense des droits des animaux), qui ne font pas de victimes, tandis que les complots jihadistes ont presque tous été empêchés par l'action de la police et des services de renseignements. En Europe, Europol rapporte que le terrorisme jihadiste ne concerne en 2010 que trois actes sur 249 (179 arrestations liées à des activités terroristes ou à des suspicions d'appartenance à des organisations terroristes sur 611)[7], en 2009 un seul sur 294 (110 arrestations sur 587), en 2008 aucun acte sur 441 (187 arrestations sur 753), en 2007 deux actes sur 581 (201 arrestations sur 841)[8]. La plupart des actes sont commis en France et en Espagne par des mouvements séparatistes. Au Canada, aucun acte terroriste jihadiste n'est rapporté[9], même si la page

---

7. Voir le document « EU terrorism situation and trend report 2011 », p. 36-37, disponible sur le site d'Europol.
8. Voir le document « EU terrorism situation and trend report 2010 », p. 50-51. Disponible sur le site d'Europol.
9. Une attaque de grande ampleur en préparation par les « 18 de Toronto » en 2006 fut démantelée. Dans son histoire, le Canada a connu son époque la plus mouvementée durant

«Évènements marquants au Canada relatifs à la lutte contre le terrorisme depuis le 11 septembre 2001» du Service canadien du renseignement de sécurité ne fait état que d'incidents liés à des jihadistes[10].

4. «Il est musulman, c'est donc un violent»

Depuis l'accession d'Al-Qaïda au rang de star médiatique, l'idée, ancrée jusque dans les rangs des experts en terrorisme, que la violence de cette organisation est de nature religieuse a eu le temps de devenir un lieu commun. Il faut noter qu'auparavant le terroriste était associé à des idéologies de gauche ou d'extrême gauche (anarchisme, tiers-mondisme, anticolonialisme, marxisme-léninisme, maoïsme). Avec l'arrivée des jihadistes depuis environ trois décennies, lorsqu'on entend le mot «terrorisme», on s'attend à ce qu'il soit suivi d'«islamique». En la matière, François Burgat est éloquent:

Cette dénomination est sans doute la moins bonne possible pour désigner, si réelles soient-elles, les déchirures les plus graves, mais également les plus

---

les années 1960-1970 au cours desquelles nombre d'évènements «terroristes» surviennent, avec d'un côté les actions violentes du Front de libération du Québec (FLQ) et de l'autre des attentats anti-castristes contre la représentation cubaine au Canada.

10. Voir la page correspondante sur le site du S.C.R.S.

mal analysées du tissu politique mondial. Chacun de ses deux termes a en effet une portée potentiellement mystificatrice. [...] L'appellation «islamique» nourrit la propension naturelle à «théologiser» plus que nécessaire l'origine des tensions politiques au Proche-Orient et dans le monde. La désignation de l'autre par sa seule appartenance «islamique» conduit ici à surdéterminer, très unilatéralement, la variable religieuse supposée expliquer l'origine des résistances qui se développent dans le monde. Elle fait de cette variable religieuse une exclusivité du monde musulman, ce qui est loin d'être le cas. Elle masque ensuite et surtout l'importance des variables trivialement profanes[11].

Il n'y a qu'à lire la Déclaration de jihad contre les Américains occupant le pays des deux sanctuaires d'Oussama Ben Laden pour distinguer ces «variables trivialement profanes». Dans ce document publié en 1996[12], l'ancien chef d'Al-Qaïda annonce ses récriminations: au-delà des massacres de musulmans survenus dans divers pays du Moyen-Orient et d'Asie, il dénonce la «corruption» du régime saoudien. Ce

---

11. François Burgat (entretien avec François Daguzan), «Figures de l'islamisme», dans *Maghreb-Machreq*, n° 188, été 2006, p. 11-12.

12. Disponible en français dans Pierre-Alain Clément, «Annexe 7 – Extraits de la Déclaration de jihad contre les Américains occupant le pays des deux sanctuaires», dans *G.I. contre jihad..., op. cit.*, p. 229-238.

régime est accusé de capter la rente pétrolière pour s'enrichir en la bradant aux États-Unis sans en faire profiter le pays et d'avoir vassalisé la politique du pays au bénéfice des États-Unis, allié d'Israël qui occupe les Territoires palestiniens depuis 1967. Il déclare ainsi : « Les explosions à Riyad et Al-Khobar sont des avertissements de l'imminence de cette éruption résultant de l'oppression, de la souffrance, de l'iniquité intolérable, de l'humiliation et de la pauvreté. » Pas l'ombre d'une référence religieuse ici, même si, dans d'autres passages, Oussama Ben Laden exploite le référent religieux pour mobiliser la population en promettant un retour à l'« âge d'or » du début de l'ère islamique, lorsque les musulmans étaient dirigés par des chefs « incorruptibles ». On perçoit d'ailleurs dans ce discours une continuité frappante avec le leitmotiv des trois autres vagues de terrorisme distinguées par David Rapoport : la résistance à l'oppression, droit qui fait partie de la Déclaration des droits de l'homme et du citoyen de 1789 au même titre que la liberté, l'égalité et la propriété.

En termes d'interprétation religieuse, il est en outre frappant de constater que le discours d'Al-Qaïda (salafiste) se confond avec le discours du régime officiel (wahhabite), tous deux profondément intégristes. Parler d'un conflit de religion est donc un contresens qu'on peut éviter en lisant le document le plus emblématique d'Oussama Ben Laden. De même, on peut difficilement parler de conflit de civilisation, puisqu'Al-Qaïda ne prétend pas islamiser la société américaine (démarche offensive), mais désoccidentaliser les sociétés musulmanes (démarche défensive), alors que nombreux sont ceux en Occident qui veulent « moderniser » l'islam, ce qui est une démarche offensive. Il existe donc un conflit d'identité, mais il dépasse de loin le cadre de la religion. Le contentieux d'Al-Qaïda contre « les juifs et les Croisés » ne relève pas de la concurrence entre deux modèles qui se battent pour agrandir leur sphère d'influence. Il s'agit plutôt d'une tension entre l'Occident d'un côté (États-Unis en tête) qui par sa puissance influence et suscite l'imitation et, de l'autre côté, une réaction violente qui voit cette influence comme une tentative de prosélytisme et de domination politique (comme l'exemplifie le soutien inconditionnel à Israël et à certaines dictatures arabes) et culturelle (démocratie libérale, capitalisme, matérialisme, etc.).

Mais, pour les tenants les plus farouches de cette idée reçue, qu'importe la géopolitique : le problème vient de l'islam lui-même. D'ailleurs, il suffit de voir que d'autres peuples anciennement colonisés ou vivant sous des régimes dictatoriaux ne sèment pas la pagaille sur la scène internationale en accusant l'Occident de tous leurs problèmes. Pour ceux-là, l'islam est une religion par essence plus violente que les autres monothéismes. Or, l'histoire a montré la fausseté de cette idée.

Tout d'abord, le Coran, la Bible et la Torah sont de peu d'utilité. On trouve dans les trois un Dieu vengeur exigeant massacre des ennemis, esclavage et oppression de l'homme et de sa femme, mais aussi un Dieu d'amour encourageant la solidarité, la tolérance et le progrès de la connaissance. Ce qu'il faut regarder, c'est l'interprétation de ces textes et leur application réelle, qui ont pu, dans l'islam comme dans le christianisme, justifier les régimes les plus éclairés et les traditions les plus pacifistes comme les régimes les plus obscurantistes et les traditions les plus répressives.

S'il est question d'interprétation, la violence jihadiste prouve bien que les musulmans interprètent leur texte sacré de manière belliqueuse, qu'ils sont moins civilisés! Là encore, ce type de position relève d'une lecture erronée de l'histoire. Si l'on prend le cas de l'esclavage, bien que les chiffres ne soient pas établis avec certitude, des études récentes montrent que le nombre d'individus réduits en esclavage par les Arabes et par les Européens est comparable[13]. Ensuite, dans les relations entre chrétienté et islam (Moyen Âge et

---

13. Environ dix millions de personnes dans les deux cas. Voir Olivier Pétré-Grenouilleau, *Les Traites négrières – Essai d'histoire globale*, Paris, NRF Gallimard, 2004, et Ralph Austen, «The Trans-Saharan Slave Trade: a tentative census», dans Henri Gemery et Jan Hogendorn (dir.), *The Uncommon Market – Essays in the economic history of the Atlantic slave trade*, New York, Academic Press, 1979.

Renaissance), puis entre pays de culture chrétienne et pays de culture musulmane (de la révolution industrielle à nos jours), les premiers ont plus souvent dominé les seconds que l'inverse. Et cette domination a pris la forme de la colonisation, du découpage arbitraire des frontières, des promesses d'indépendance non tenues (voir l'épopée de Lawrence d'Arabie), le tout sur fond de racisme. La violence issue de populations musulmanes semble d'autant plus dérangeante que l'Occident voit son hégémonie reculer inexorablement devant l'ascension de pays appartenant à d'autres «civilisations», pour reprendre le terme d'Huntington (Brésil, Afrique du Sud, Chine, Inde). Plutôt que de parler d'affaiblissement de l'Occident, il serait plus approprié de parler de rééquilibrage des puissances, phénomène au cours duquel la domination occidentale est contestée de manière plus vive. Il est par ailleurs frappant de constater que les raisonnements actuels sur «l'expansionnisme» de l'islam, sa «virilité», son «esprit de conquête» face à un christianisme «émasculé» et «soumis», fréquents dans les médias (surtout dans les médias de droite aux États-Unis, les dérapages islamophobes s'étant multipliés après le 11 septembre), sont typiquement des raisonnements produits par l'extrême droite[14] et qui ne s'appuient sur aucune recherche sérieuse.

---

14. Des historiens comme Marc Ferro (*Le siècle de Luther et de Christophe Colomb*, Plon, 2008) rappellent qu'Hitler admirait

Ensuite, le Moyen-Orient possède des caractéristiques qui pourraient expliquer pourquoi les sociétés arabes connaissent des réactions plus violentes que d'autres sociétés dominées à l'échelle mondiale. Premièrement, les sociétés arabes font partie des sociétés qui ont été décolonisées les plus tardivement et qui ont connu les pires processus de décolonisation (sans même parler de la colonisation des Territoires occupés palestiniens). L'Amérique latine fut décolonisée dès le début du XIXᵉ siècle et les colons sont devenus partie intégrante de ces pays, tandis que la colonisation en Asie est restée très superficielle. Dans le cas de l'Afrique, les contestations de l'hégémonie occidentale s'expriment dans des luttes internes et le terrorisme qui y sévit demeure national. Deuxièmement, cette décolonisation anarchique a été suivie de régimes autoritaires imposés sur des pays faibles : les sociétés arabes souffrent d'un déficit d'institutionnalisation, l'autoritarisme remplaçant la légitimité. Enfin, si la colonisation est terminée, les manœuvres des grandes puissances se poursuivent et les ressources de la région (pétrole, gaz naturel) font des sociétés arabes dont le principal rôle au niveau international semble être de servir de pion dans les jeux géopolitiques.

---

de l'islam son prétendu esprit combatif et méprisait la mollesse prétendue du christianisme (qui serait à l'origine de son antisémitisme : les juifs auraient pour lui été responsables d'avoir engendré cette religion qu'il ne pouvait dénoncer publiquement).

Pour terminer, en parlant du niveau de violence des jihadistes et de leurs ennemis, François Burgat dit qu'il défie :

> quiconque de démontrer que les islamistes, à l'échelle du siècle, auraient eu une propension ou une efficacité particulière à manier la violence politique par rapport à ceux (régimes arabes ou armées occidentales) contre qui ils se sont mobilisés. Ce ne sont d'ailleurs pas les dogmes «religieux», mais bien le stalinisme, le nazisme et les guerres de décolonisation qui ont, de loin, fait le plus de victimes au cours du siècle écoulé. S'agissant des deux dernières décennies, le nombre des victimes des bombes américaines ou israéliennes a été, au minimum, dix fois supérieur, sans doute beaucoup plus encore, à celui des victimes du terrorisme dit «islamique»[15].

Ainsi, la grille de lecture du «retour de Dieu» violent qui viendrait d'un monde musulman passant à l'offensive contre un Occident naïvement pacifique car déchristianisé et multiculturaliste apparaît comme artificielle et peu convaincante. Il faut plutôt y voir une sorte de perpétuation des thèmes tiers-mondiste et anti-impérialiste convoquant la religion comme référent fédérateur dans des luttes contre l'hégémonie occidentale (surtout les États-Unis et

---

15. Nicolas Valiadis, «Entretien avec Francois Burgat», publié par *Agents d'entretien*, 14 décembre 2011.

Israël) et pétro-conservatrice (les monarchies contre-révolutionnaires du Golfe, Arabie saoudite en tête) dans la région.

5. « Les terroristes musulmans veulent tout détruire »

Après le 11 septembre, nombre d'Américains, devant l'ampleur de la destruction, ont cru qu'Oussama Ben Laden voulait détruire la «civilisation américaine», son mode de vie et ses valeurs. Il faut dire que, si la population a tellement pu se complaire dans cette idée rassurante, c'est que les dirigeants américains l'ont martelée. Le président Bush, durant ses deux mandats, a abondamment répété cette idée. Certains candidats à la primaire républicaine pour l'élection présidentielle de 2012 ont répété ce mantra. Ainsi, lors du débat du 12 septembre 2011, Rick Perry a affirmé sur CNN: «Nous avons été attaqués parce que nous avons une civilisation antithétique de celles des jihadistes [sic]. Et ils veulent nous tuer pour ce que nous sommes et ce que nous représentons. Et nous représentons l'exceptionnalisme américain, nous représentons la liberté et la possibilité pour chacun dans le monde[16].»

---

16. Citation originale: «We were attacked because we have a civilization that is antithetical to the civilization of the jihadists. And they want to kill us because of who we are and

Un discours bien huilé, que son opposant Ron Paul n'a pu contester que sous les huées de la foule. Rick Perry l'a plus tard critiqué comme étant le «perroquet d'Oussama Ben Laden».

Au-delà des divagations électoralistes, aucun chercheur sérieux sur le terrorisme ne remet en question le fait que les États-Unis ont été attaqués pour leur politique étrangère au Moyen-Orient. Même Samuel Huntington, qui estime qu'il s'agit d'un conflit religieux ou plutôt «civilisationnel», reconnaît les motivations politiques des jihadistes (le ressentiment envers l'Occident), leur faible capacité de mobilisation (la «civilisation islamique» dans sa globalité n'est pas en conflit avec la «civilisation occidentale») et promeut pour les États-Unis une politique étrangère non interventionniste (seulement en cas d'intérêt vital)[17]. Dans sa théorie du choc des civilisations, Huntington ne parle pas d'une civilisation annihilant une autre, il prédit simplement que les luttes de pouvoir dans le monde ne se feront plus sur la base de la nation (comme au XIXe siècle)

---

what we stand for. And we stand for American exceptionalism, we stand for freedom and opportunity for everybody around the world.» Extrait vidéo du débat disponible sur le site de l'European Courier.

17. Nathan Gardels, «Osama Ben Laden has given common identity back to the West», entretien avec Samuel Huntington, *New Perspectives Quarterly*, 22 octobre 2001. Par exemple, Huntington est bien plus inquiet pour l'intégrité de la culture américaine en raison de la «menace hispanique» que de la part des jihadistes.

ou du projet de société (comme pendant la guerre froide), mais de la culture. Les puissances chercheront à se concurrencer, y compris au niveau culturel, mais pas à s'annihiler. Ainsi, même en adoptant la vision pessimiste et excessivement déterministe (niant le libre arbitre de l'individu) d'Huntington, parler de destruction de civilisation, surtout de la part de terroristes aux moyens très limités, revient à faire une lecture superficielle de la réalité.

Cette vision est d'autant moins convaincante que, comme on l'a vu précédemment (voir la quatrième idée reçue de ce chapitre), les mobiles des jihadistes relèvent moins de la religion que d'une lutte entre dominants et dominés. Or, les « oppresseurs » ciblés par Al-Qaïda sont, avant les États-Unis et Israël, les régimes arabes autoritaires, au premier rang desquels se trouve l'Arabie saoudite. On aurait donc affaire à un conflit « intra-civilisationnel » impliquant des acteurs extérieurs à la « civilisation islamique », si l'on veut reprendre les termes d'Huntington. En outre, le recours à l'islam comme identité de mobilisation par les jihadistes est le résultat de l'échec des Lumières arabes à la fin du XIXe siècle puis du socialisme et du nationalisme arabes après-guerre. La même logique d'émancipation exécutée sur la base d'une idéologie occidentale importée (Lumières, nationalisme, socialisme) ou d'une idéologie endogène (islamisme) produirait donc dans le premier cas une lutte anticoloniale et, dans l'autre, une volonté d'anéantissement de l'Occident? Non, dans les deux cas, on observe un conflit d'identités entre d'un côté des puissances occidentales hégémoniques qui tentent de façonner le monde à leur image et, de l'autre, des phénomènes de réaction à cette tentative.

6. « Le terroriste attaque aveuglément »

Le terrorisme est souvent critiqué pour être une violence aveugle, qui s'en prend aux civils. Après tout, le mode d'action le plus fréquent, la bombe, est particulièrement spectaculaire. De plus, s'en prendre aux civils permet de frapper le point faible de l'État cible, puisqu'on trouve des civils partout et que, même dans les régimes ayant une vaste police, on ne met pas un agent de police derrière chacun dans le but de le protéger d'une éventuelle attaque terroriste. Deux raisons contredisent l'idée que le terroriste frappe aveuglément.

La première est que les civils ne sont pas une cible aléatoire. Walter Laqueur définit le terrorisme comme étant «l'usage illégitime de la violence pour atteindre un objectif politique lorsque des innocents sont pris pour cible». Si cette définition est trop imprécise pour servir de base à une démarche scientifique (qui décide de l'innocence? Comment la définir? Peut-on arriver à un consensus sur une définition universelle?), elle met en lumière une perception intéressante. Elle témoigne du sentiment parmi les victimes que l'État ciblé par le terrorisme fait l'objet d'un atroce chantage. En décidant de viser des « civils innocents », le terroriste vise à frapper là où ça fait mal, là où l'adversaire est à découvert, là où il ne peut se protéger. En outre, si les individus particuliers victimes d'une attaque sont frappés aléatoirement, le lieu de l'attaque l'est rarement : bâtiments officiels, endroits à forte densité humaine, lieux de culte, etc. Plus l'attaque est sophistiquée, plus la symbolique est forte. À cet égard, le 11 septembre a représenté un parangon de théâtralisation : les États-Unis devaient être frappés dans leur domination militaire (avion contre le Pentagone), économique (World Trade Center) et politique (le quatrième avion était dirigé contre le Congrès ou la Maison-Blanche) ; à New York, le deuxième avion percutant la tour 2 devant une multitude de caméras attirées peu de temps auparavant par le premier avion, la brutale simplicité des images en direct.

La deuxième est que les terroristes sont loin de ne s'en prendre qu'aux civils. À cet égard, les séparatistes corses ont une stratégie remarquable. Pendant des décennies, ils se sont contentés de s'attaquer à des bâtiments administratifs représentatifs de l'État français (gendarmeries, hôtels des impôts) ainsi qu'à des bâtiments privés (restaurants ou maisons) pour prélever « l'impôt révolutionnaire ». Ils ont bien pris garde de ne tuer personne (un gendarme tué par le Front de libération nationale

corse (FLNC) en trente-cinq ans), préférant miser
sur la théâtralisation de leurs conférences de presse :
dans le maquis, la nuit, éclairés par des lampes de
camping, encagoulés et entourés de gardes armés,
le drapeau à tête de Maure bien visible. L'assassinat
du préfet Érignac en 1998 fut l'œuvre de séparatistes
dissidents des grandes organisations en place, échap-
pant à la politique du « zéro mort ». Les actions ont
souvent eu lieu la nuit ou sur des chantiers, afin de
minimiser le risque de tuer accidentellement. De
même, les Brigades Ezzedine Al-Qassam, branche
armée du Hamas, précisent dans leurs statuts
qu'elles ne peuvent frapper que des « cibles militaires
légitimes » (soldats et bâtiments). Ce n'est qu'après
le massacre du tombeau des Patriarches, en 1994, et
l'assassinat de leur artificier en chef, Yahia Ayyash,
que les Brigades ont décidé de s'en prendre à des
civils israéliens, en représailles[18]. La nature de la cible
est très importante dans le résultat de la stratégie
terroriste. Ainsi, des groupes qui attaquent les militaires de l'État ennemi ont plus de succès que les
groupes qui attaquent les civils, quels que soient
leurs objectifs politiques. En effet, l'État cible déduit
des dégâts causés par l'attaque les objectifs des terroristes, en ignorant leurs objectifs déclarés. En
visant majoritairement des civils, les terroristes

18. Mohammad Najib et Roland Friedrich, *Entry-points to
    Palestinian Security Sector Reform*, Genève, Centre pour le
    contrôle démocratique des forces armées, 2007, p. 106.

envoient le message qu'ils menacent l'existence de l'État, ce qui entraîne une intransigeance de sa part, tandis qu'en visant majoritairement des militaires ils envoient le message d'une violence plus mesurée qui s'arrêtera si des concessions sont faites. Cette théorie développée par Max Abrahms s'appuie sur les résultats de nombreux groupes : réussite limitée pour les FARC en Colombie, le Hamas en Palestine et le Hezbollah au Liban ; échecs pour quasiment tous les groupes visant majoritairement des civils[19].

7. « Le terrorisme suicidaire est l'expression d'une pathologie »

Les vagues d'attentats-suicides dans le conflit israélo-palestinien entre le milieu des années 1980 et le milieu des années 2000 ont contribué à façonner dans l'opinion générale l'association entre attentat-suicide et terrorisme. Il est vrai que l'attentat à la bombe est la modalité la plus fréquente relevée par les services de police[20]. L'attentat-suicide serait donc une sophistication supplémentaire : l'agent n'a plus

---

19. Max Abrahms, «Why Terrorism Does Not Work», dans *International Security*, vol. 31, n° 2, automne 2006, p. 42-72.
20. Voir le rapport «Terrorism 2002-2005», disponible sur le site du FBI. Même si on peut contester la qualification terroriste de plusieurs des actes recensés, la prévalence de l'attaque à la bombe est si forte (les trois quarts) qu'on ne peut nier l'idée que cette modalité est fortement associée au terrorisme.

à se soucier de renter à la base une fois sa mission accomplie, l'ennemi ne peut le faire prisonnier (même si, en réalité, certains renoncent au dernier moment). L'attentat-suicide fait ainsi plus de morts que les autres modalités d'action[21]. Sur le plan psychologique, l'effet sur la cible est redoutable : son assaillant n'a pas peur de la mort, il ne peut être dissuadé. Cette façon de voir les choses a pu être rangée dans les pathologies, manière confortable de ne pas se pencher sur les motifs qui peuvent pousser un individu à voir le monde ainsi.

Puisque le terroriste ne veut pas tout faire sauter (voir la cinquième idée reçue de ce chapitre), c'est bien qu'il a un objectif politique et qu'il compte l'atteindre par la violence. C'est la logique même de la guerre. L'attentat-suicide pousse à l'extrême cette logique en plaçant le sacrifice au cœur de son *modus operandi*. Historiquement, toutes les armées du monde ont connu des moments où certains soldats se sont lancés dans une mission dont ils étaient sûrs de ne pas en sortir vivants afin de sauver nombre des leurs ou de porter un coup décisif à l'ennemi. La particularité de l'attentat-suicide est que cette stratégie ne semble pas avoir été utilisée en dernier recours.

Pourtant, si l'on prend le cas palestinien, l'utilisation de cette tactique est le résultat du désespoir

---

21. Pierre Conesa, «Aux origines des attentats-suicides», dans *Le Monde diplomatique*, juin 2004, p. 14 et 15.

créé par un conflit durant depuis des décennies et dont les Palestiniens sont le protagoniste faible alors qu'Israël est le protagoniste fort. La violence de l'humiliation (forte prévalence de la torture et de l'emprisonnement, occupation militaire depuis 1967, points de contrôle multiples et imprévisibles, colonisation continue) a conduit naturellement un certain nombre de Palestiniens à renoncer à vivre dans ces conditions et à vouloir se « venger de l'oppresseur » en frappant sa population au même titre que la population palestinienne subit ce conflit. John Horgan, dans son étude de la psychologie du terrorisme, affirme que, contrairement à ce qu'on a pu croire, les terroristes ne sont pas des psychopathes (théorie soutenue dans les années 1970) ni des narcissiques paranoïaques (thèse défendue dans les années 1980 et 1990), mais des individus ordinaires, présentant parfois des tendances antisociales, mais n'étant pas particulièrement déséquilibrés[22]. Si le terroriste est fou, cela veut dire qu'on peut se débarrasser facilement de son geste et de son acte derrière une quelconque anomalie psychique, et ainsi rester dans sa zone de confort : inutile de s'interroger sur ses motivations. La perspective d'Horgan permet de réintroduire le politique dans l'analyse du terrorisme, c'est-à-dire de prendre au sérieux les revendications politiques des terroristes. Ces revendications

---

22. John Horgan, *The Psychology of terrorism*, Londres, Routledge, 2005, p. 62 et suiv.

sont souvent loin d'être extravagantes ou extrémistes et correspondent à des objectifs de libération nationale (création d'un État), un phénomène banal dans l'histoire contemporaine. Par ailleurs, l'histoire des guerres montre la vitalité des populations civiles, même les moins belliqueuses, en cas d'agression contre leur territoire et leur identité.

Cependant, des chercheurs montrent qu'un certain profil est surreprésenté dans les organisations terroristes : les exclus et les marginaux de la société[23]. Ce profil permet d'expliquer pourquoi, sur la masse des personnes pouvant se reconnaître dans les revendications d'une organisation terroriste, bien peu sont prêts à risquer leurs biens, leur liberté et leur vie et sont capables de surmonter l'interdit du meurtre d'autrui. Selon cette théorie, se joindre à une organisation terroriste permet de renouer des liens sociaux avec des individus partageant les mêmes préoccupations, l'objectif politique passant au second plan derrière le sentiment de communauté et de solidarité sociale.

---

23. Max Abrahms, «What terrorists really want : terrorist motives and counterterrorism strategy», dans *International Security*, vol. 32, n° 4, printemps 2008, p. 96.

8. « Le terroriste préfère les armes de destruction massive »

Le détournement des avions le 11 septembre 2001 a été commis avec «des cutters, et beaucoup de détermination[24]». Si l'on entend de temps à autre que des terroristes veulent des armes de destruction massive, les actes accomplis indiquent qu'ils obtiennent un effet maximal en misant sur la surprise et la discrétion plutôt que de frapper à l'endroit et de la manière dont on s'y attend. L'évolution entre l'attentat de 1993 et celui de 2001 contre le World Trade Center est frappante : on est passé de la camionnette piégée explosant près des fondations à l'attaque double par détournement d'avion. La préparation du 11 septembre s'est ainsi révélée moins exigeante technologiquement puisqu'elle n'impliquait que peu d'activités dangereuses ou illégales (obtenir des faux papiers), contrairement à la préparation d'une explosion d'envergure. Dans l'histoire, on n'observe pas de tendance particulière à l'utilisation d'armes de plus en plus meurtrières par elles-mêmes. Les attentats faisant le plus de morts ont surtout été le résultat d'un *modus operandi* particulièrement efficace (pour le 11 septembre, rien ne permet de dire qu'Al-Qaïda avait prévu que les tours s'effondreraient).

---

24. Barthélémy Courmont, «Le danger vient des loups solitaires», entretien pour l'IRIS, 9 septembre 2011.

L'utilisation d'armes de destruction massive (armes nucléaires, bactériologiques et chimiques) par des terroristes, si elle n'est pas impossible, reste improbable. L'arme nucléaire est encore recouverte d'un tabou ; l'utilisation comme arme de première frappe (et non de représailles à une attaque nucléaire) est très contestée par les stratèges militaires. Elle est bien plus utile comme moyen de pression, c'est-à-dire en cas de non-utilisation. Sa fabrication requiert des installations et des composants particulièrement sophistiqués que ne possèdent que les États et qui sont relativement bien contrôlés par l'Agence internationale de l'énergie atomique. Enfin, si le terrorisme est une stratégie politique dans le but de se faire reconnaître par un État comme un partenaire de négociation légitime, l'utilisation d'une arme nucléaire, intrinsèquement une arme d'annihilation, ruinerait cette stratégie. En effet, les études empiriques montrent que plus l'organisation terroriste commet des attaques violentes et destructrices, plus les dirigeants de l'État cible deviennent hostiles aux concessions[25]. L'utilisation de l'arme nucléaire conduirait donc automatiquement à une fermeture irréversible de l'État cible. Une organisation parvenant à obtenir une arme atomique aurait bien plus avantage à s'en servir d'abord comme instrument de chantage ; l'utilisation de l'arme atomique serait

---

25. Max Abrahms, « Does terrorism really work ? », dans *Defence and Peace Economics*, vol. 22, n° 6, p. 590.

nuisible : l'organisation verrait ses amis la fuir et ses ennemis libérés de tout scrupule pour éliminer totalement l'organisation.

Même si l'hypothèse reste possible, une hypothèse plus probable est celle d'une bombe sale, c'est-à-dire une bombe traditionnelle chargée d'éléments radioactifs que l'explosion va disperser dans l'atmosphère. Mais les dégâts radiologiques sont diffus et peu visibles (les cibles les plus touchées meurent vite, les autres meurent de cancers, la descendance ne présente pas de malformations). Bref, rien qui ne puisse créer un spectacle aussi frappant qu'une explosion classique.

Les armes bactériologiques et chimiques véhiculent certes une peur plus grande, notamment en raison de l'idée d'une mort qui peut frapper à l'improviste, sans qu'on puisse la voir. Pourtant, ce sont des armes extrêmement délicates à manipuler et dont l'efficacité se dégrade rapidement en dehors de conditions environnementales précises. C'est ainsi que l'attaque de 1995 au gaz sarin dans le métro de Tokyo par Aum Shinrikyo n'a causé que douze morts alors que la dose dispersée aurait pu en tuer des centaines. Là encore, ce sont des armes sophistiquées dont la fabrication requiert de hautes compétences qui ne sont pas à la portée de tous.

Dans son *Manifeste*, le Norvégien Anders Breivik donnait des instructions précises pour obtenir les ingrédients pour fabriquer une bombe traditionnelle. En multipliant les précautions, il a mis des mois à la préparer. Fabriquer des armes de destruction massive demanderait beaucoup de temps et des précautions bien plus grandes. Obtenir ces armes requiert d'importantes ressources et comporte le risque d'attirer l'attention des autorités alors que l'attaque n'est encore qu'en pleine préparation. Visiblement, les groupes terroristes préfèrent mettre à profit leurs ressources et leur temps à commettre plus d'actes plus discrets, mais qui vont jusqu'à leur terme.

9. « Le terrorisme prouve que la torture est justifiée »

Face à des terroristes astucieux et déterminés, il faudrait, prétend-on, des agents qui ne seraient entravés par aucune règle de bonne conscience. En dépit des constats d'inefficacité, cette pratique a connu, semble-t-il, une recrudescence pendant la décennie, les révélations des dessous des prisons de Guantanamo et d'Abou Ghraïb ayant été des plus instructives sur le raffinement des méthodes employées (comme faire jouer du *heavy métal* très fort vingt heures par jour). Bruce Jessen et Jim Mitchell, d'anciens militaires, ont mis sur pied un programme d'« interrogation d'ambiance » afin de partager leurs meilleures trouvailles. Ils les ont appliquées à Abou Zoubaydah (présumé numéro trois d'Al-Qaïda) à l'été 2002, dont 83 « baignoires » en deux semaines. Or, des méthodes d'interrogations «traditionnelles» avaient déjà permis d'obtenir les informations voulues sans que la torture n'ait servi à rien[26].

Les partisans du «réalisme» répliquent en disant: «Et si une bombe devait exploser dans une heure, quel choix feriez-vous si vous déteniez le terroriste capable de vous dire où elle est?[27]» Cette justification par l'urgence est trompeuse. Premièrement, cela n'arrive jamais. La police ne capture pas le chef de la cellule une heure avant que leur bombe n'explose. Deuxièmement, même si c'était le cas, la torture, surtout psychologique (très prisée car elle ne laisse pas de traces physiques susceptibles de mettre en cause les interrogateurs), demande un certain temps, qui se compte en jours ou en semaines. Si la bombe devait exploser dans une heure, on peut supposer que les prisonniers puissent soutenir une heure de torture en attendant que cela arrive, quitte à donner au compte-gouttes des informations fausses. Enfin,

---

26. Scott Shane, «2 U.S. Architects of Harsh Tactics in 9/11's Wake», dans *The New York Times*, 11 août 2009.
27. La série télévisée *24* fonctionne essentiellement sur l'urgence de la situation alors que des terroristes passent à l'action. Le personnage principal, Jack Bauer, est l'un des rares héros de télévision ou de cinéma à utiliser la torture, ce qui a contribué à réhabiliter l'usage de la torture comme acceptable dans les mentalités et les geôles occidentales, jusqu'à la Cour suprême américaine (voir Dahlia Lithwick, «The Fiction behind the torture policy», dans *The Daily Beast*, 25 juillet 2008).

un ancien agent spécial du FBI non seulement confirme la faible efficacité de la torture, mais affirme qu'elle a nui aux intérêts américains à plusieurs reprises[28]. Exemple emblématique, Aïmane Al-Zawahiri n'a survécu à la torture de la police égyptienne au début des années 1980 qu'avec une soif de vengeance décuplée qui s'est concrétisée dans les actions d'Al-Qaïda à partir de 1988.

À plus long terme, plusieurs stratégies contre-terroristes sont utilisées. Considérées comme des organisations ayant un objectif politique, l'État cible a le choix entre l'intransigeance (refuser toute concession doit forcer l'arrêt des attaques), l'apaisement (négocier des accommodements afin de rendre obsolète et contre-productif l'usage de la violence) et la promotion de la démocratie (favoriser la défense non violente des objectifs politiques promus par les terroristes). Ces trois stratégies ont obtenu des résultats mitigés, ce qui confirme pour Max Abrahms l'hypothèse que les organisations terroristes offrent moins un programme politique qu'un lien social à leurs membres. Dans cette perspective, il propose deux types de réponses dans le cas du terrorisme jihadiste : éviter la radicalisation en surveillant les « populations à risque » (jeunes marginalisés, population carcérale, chômeurs, etc.), infiltrer les réseaux pour semer la discorde et la méfiance dans le groupe

---

28. Ali Soufan, « My Tortured Decisions », dans *The New York Times*, 22 avril 2009.

et enfin diminuer les raisons de se joindre à une organisation violente en favorisant l'expression pacifique des griefs dans les régimes arabes autoritaires et en luttant contre la marginalisation dans les sociétés occidentales d'accueil (notamment en limitant la stigmatisation des musulmans)[29].

Que l'on considère l'organisation terroriste comme ayant d'abord un objectif politique ou d'abord un objectif social, il existe une constante : la défense de son identité et de sa dignité peut faire basculer des individus dans une violence qu'il sera très difficile de faire abandonner. La solution à cette violence est politique et passe par la reconnaissance de l'autre comme un égal capable de se gouverner seul. À ce titre, l'entretien des méfiances occidentales envers des mouvements démocratiques et de rejet des régimes autoritaires du monde arabo-musulman ainsi que le soutien toujours inconditionnel des États-Unis à Israël poussent les tensions dans un sens opposé à cette voie. Pour inhiber les tentations violentes, une autre avenue peut être empruntée. Elle vise à étendre la représentativité politique et le sentiment de justice là où ils peinent à se manifester. Cela devient possible en axant en ce sens, et de manière primordiale, les politiques étrangères des démocraties les plus puissantes de la planète.

---

29. Max Abrahms, «What terrorists really want», dans *International Security*, vol. 32, n° 4, p. 103-105.

Pour aller plus loin

- BURGAT, François, *L'islamisme en face*, Paris, La Découverte, 2007 (3e éd.).
- CHALIAND, Gérard, *Voyage dans 40 ans de terrorisme*, Paris, Éditions Lignes de repères, 2006.
- COURMONT, Barthélémy, et Darko RIBNIKAR, *Les Guerres asymétriques. Conflits d'hier et d'aujourd'hui, terrorisme et nouvelles menaces*, Paris, Dalloz et IRIS, 2009 (2e éd.).
- MUELLER, John, « Six Rather Unusual Proposition about Terrorism », dans *Terrorism and Political Violence*, vol. 17, n° 4, automne 2005, p. 487-505.
- RICHARDSON, Louise, *What terrorists want*, Londres, John Murray, 2006.

Moyen-Orient

Joan Deas

Joan Deas est chercheuse à l'UQAM à l'Observa-
toire sur le Moyen-Orient et l'Afrique du Nord de
la Chaire Raoul-Dandurand en études stratégiques et diplomatiques. Ses sujets de recherche
touchent notamment la participation des femmes
dans les opérations de résolution de conflit au
Moyen-Orient, les questions de médiation et de
négociation et le conflit israélo-palestinien. Joan
Deas est également membre actif du réseau académique international Faculty for Israeli-
Palestinian Peace et effectue régulièrement des
séjours au Moyen-Orient à titre de chercheuse et
coordonnatrice de projets de coopération et de
séjours éducatifs.

1. « Tous les Arabes sont musulmans »

Même si l'islam est la religion officielle de nombreux
pays du monde arabe et qu'il existe une certaine
collusion entre l'État et le religieux, au point que

certains pays soient officiellement dirigés par les préceptes de l'islam (la charia ou loi islamique), la religion musulmane est en effet loin d'être la seule croyance partagée par l'intégralité de la population. Dans la quasi-totalité des pays qui composent cette région, la présence de nombreuses minorités religieuses contribue à diversifier la mosaïque culturelle et identitaire du monde arabe depuis des millénaires en cohabitant plus ou moins pacifiquement avec les adeptes de l'islam sunnite et chiite. Parmi ces minorités, on compte des Juifs et surtout des chrétiens représentants de toutes les Églises orientales, ce qui inclut les coptes, maronites, syriaques, byzantins, arméniens, guèzes, nestoriens, etc. On retrouve même des animistes dans la région du Sud-Soudan, qui a récemment obtenu son indépendance en se séparant du Nord à forte majorité musulmane.

C'est néanmoins au Proche-Orient que ces minorités religieuses sont les plus présentes et les mieux représentées politiquement, notamment au Liban, État officiellement multiconfessionnel comptant environ 39 % de chrétiens, majoritairement de confession maronite. Ces chrétiens possèdent leurs propres partis politiques et jouissent de quotas de représentation au sein du gouvernement. Soixante-quatre sièges leur sont ainsi réservés au Parlement – soit autant que les musulmans – ainsi que des postes stratégiques tels que celui de président ou de vice-premier ministre.

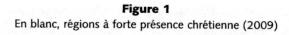

Figure 1
En blanc, régions à forte présence chrétienne (2009)

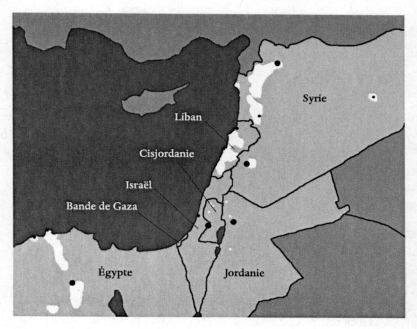

L'Égypte compterait quant à elle entre 5 et 10 millions de chrétiens, à forte majorité coptes, ce qui correspond à environ 10 % de la population du pays, soit la deuxième communauté chrétienne du monde arabe après le Liban. Ce chiffre est toutefois l'objet de débats, étant sous-évalué par les autorités ou surévalué par la communauté chrétienne du pays. Cette minorité jouit cependant de moins de droits que celle du Liban, et la cohabitation avec les autres communautés religieuses reste aléatoire et souvent difficile, le bain de sang créé en octobre 2011[30] par la répression d'une manifestation copte par les autorités égyptiennes venant illustrer cette conflictualité et la fragilité des droits de ces minorités à l'heure des incertitudes politiques laissées par le printemps arabe.

Tableau 1

Proportion de chrétiens dans certains pays et *territoires* arabes

Territoire	Chrétiens
Bahreïn	9 %
Comores	2 %
Djibouti	6 %
Égypte	10 %
Bande de Gaza	1 %
Irak	3 %
Jordanie	6 %
Liban	39 %
Maroc	1 %
Palestine	moins de 7 %
Qatar	8,5 %
Syrie	16 %
Tunisie	1 %

Données estimées pour l'année 2012 par le *CIA World Factbook*.

---

30. «Égypte: une manifestation de coptes dégénère au Caire», LEMONDE.FR avec Reuters, 9 octobre 2011, mis à jour à 21 h 54, http://www.lemonde.fr/proche-orient/article/2011/10/09/egypte-une-manifestation-de-coptes-degenere-au-caire_1584717_3218.html.

On peut aussi noter que les non-musulmans sont présents (évidemment) sur la « Terre sainte » que se partagent Israël et les Territoires palestiniens occupés, mais aussi en Syrie, en Jordanie, au Soudan, en Irak, dans des pays de la péninsule arabique comme le Koweït ou les Émirats arabes unis, sur une fourchette s'étalant de 0,05 % à 10 % de la population (concernant le golfe Persique, le chiffre est notamment gonflé par l'immigration de nombreux étrangers de confession catholique). Enfin, on en retrouve dans la région du Maghreb même si ces minorités ont fortement diminué au cours de l'histoire et ne représentent aujourd'hui pas plus de 1,5 % de la population des pays de cette région.

Les Juifs quant à eux se concentrent désormais majoritairement sur le territoire israélien, qui connaît une vague d'immigration massive et ininterrompue depuis la création de l'État d'Israël en 1948, vague même antérieure au célèbre discours de David Ben Gurion. Cependant, une forte minorité juive sépharade a toujours fait partie du paysage religieux du monde arabe, notamment dans les pays du Maghreb, comme au Maroc où la communauté juive a compté plusieurs centaines de milliers d'individus jusqu'au XXe siècle. Contrairement à une autre idée reçue voulant que juifs et musulmans se détestent[31], les juifs ont pendant longtemps cohabité plutôt pacifi-

---

31. Lire, à ce sujet, la cinquième idée reçue de ce chapitre sur le conflit israélo-palestinien.

quement avec les musulmans et les autres minorités religieuses et ethniques du monde arabe. Malgré cette vague d'immigration, il subsiste toujours de petites communautés juives très anciennes dans certains pays du monde arabe, tels que le Maroc.

Pour aller plus loin

- CIA World Factbook. www.cia.gov/library/publications.
- Adrien Margueritte, *La question copte. Étude sur la situation des chrétiens d'Égypte*, Étude Raoul-Dandurand, numéro 20, février 2010.

2. « Moyen-Orient et monde arabe sont synonymes »

L'arabité est l'ensemble des caractéristiques propres à la civilisation arabe. Elle réunit les peuples de langue et de culture arabe et peut s'apparenter à un synonyme de ce que nous appelons « le monde arabe ». Le Moyen-Orient est quant à lui un terme à signification uniquement géographique, définissant un ensemble territorial dont la délimitation fluctue en fonction des approches. Ce rappel simple permet déjà de détacher les deux parties qui soutiennent la présente idée reçue. Mais la distinction entre le Moyen-Orient et le monde arabe n'est pas uniquement sémantique. Même si la population arabe est effectivement majoritaire dans cette zone géographique, un grand nombre de minorités viennent cependant étoffer et complexifier le casse-tête ethnique moyen-oriental. Parmi ces minorités, on compte notamment des Druzes, des Kurdes, des Arméniens, des Turkmènes, des Circassiens ou encore des Nubiens. Que ce soit pour leur poids démographique ou en fonction des problèmes politiques et sociaux qui leur sont liés, les pays du Moyen-Orient où la présence de ces populations est la plus notable sont l'Irak (Kurdes, Turkmènes, Arméniens et Circassiens entre autres), la Syrie, le Liban et Israël (Druzes), ou encore l'Égypte (Nubiens).

Si l'on intègre le Maghreb (Algérie, Tunisie, Maroc, Libye, Mauritanie) à la définition du «Grand Moyen-Orient», il faut donc ajouter à cette liste de minorités ethniques les Berbères (ensemble de populations autochtones islamisées, mais faiblement arabisées) qui sont présents en Afrique du Nord depuis plusieurs milliers d'années et dont le principal point commun est le mode d'organisation tribal et clanique, ainsi que la pratique de dialectes fondés sur des bases communes. On compte environ 10 millions de Berbères au Maroc, 5,5 millions en Algérie, 400 000 en Mauritanie, 250 000 en Tunisie, 200 000 en Libye et 15 000 en Égypte[32]. De la même manière,

---

32. Fiche «société/population» sur le site de l'Institut Medea. Accessible en ligne: http://www.medea.be/fr/themes/societepopulation/berberes/.

si l'on étend encore – à leur extrême – les limites géographiques et culturelles du « Grand Moyen-Orient » en incluant l'Iran, on peut alors considérer la population perse comme une autre « minorité » (constituant une majorité dans ce pays). Certains analystes considèrent enfin les Juifs européens et orientaux comme une minorité ethnique, en plus d'être une minorité religieuse.

Figure 2
Représentation du Grand Moyen-Orient

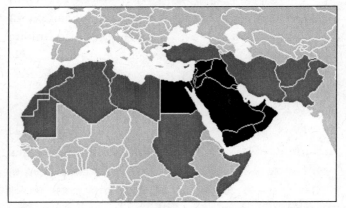

En gris foncé, les pays qui sont souvent intégrés par divers analystes au concept Grand Moyen-Orient. En noir, le Moyen-Orient.

Ainsi, loin d'abriter seulement des populations arabes, le « Grand Moyen-Orient » (allant de la Mauritanie à l'Afghanistan – voire le Pakistan) accueille donc – et depuis des siècles – une multitude

de minorités ethniques, parlant des langues différentes de l'arabe, possédant des origines culturelles
différentes de celles des populations arabophones et
pratiquant des religions parfois différentes de l'islam.

En plus des minorités non arabes du Grand
Moyen-Orient, il ne faut pas oublier un pays de cette
région que plusieurs analystes incluent souvent
dans cet ensemble : la Turquie, qui compte environ
75 millions d'habitants de religion musulmane, mais
pas de langue ni de culture arabe. La complexité et
la diversité de cette mosaïque ethnoreligieuse
tranchent donc nettement avec la vision souvent
étriquée et simplifiée que l'on pourrait se faire d'un
Moyen-Orient singulier et homogène, terre unique
d'une population arabo-musulmane.

Tableau 2

Ligue arabe			Non-membres
Fondateurs	_Signataires_		_Pays musulmans du Grand Moyen-Orient_
Égypte	Libye	Émirats	Turquie
Irak	Soudan	arabes unis	Iran
Liban	Maroc	Oman	Afghanistan
Syrie	Tunisie	Mauritanie	Pakistan
Arabie saoudite	Koweït	Somalie	
Transjordanie	Algérie	Palestine	
(Jordanie)	Bahreïn	Djibouti	
Yémen	Qatar	Comores	

de violence que la libéralisation culturelle et l'accès à l'éducation n'ont pas encore totalement effacée de toutes les strates des sociétés moyen-orientales. Les femmes vivant dans ces milieux – souvent pauvres et ruraux – ne constituent pas pour autant l'apanage de la condition féminine au Moyen-Orient. D'autres jouissent en effet d'une certaine émancipation sociale, culturelle et politique, et se réclament – ou non – de ce que l'on appelle le « féminisme islamique ».

On peut découper ce féminisme en deux courants. L'un, anti-islamiste, embrasse en grande partie la rhétorique occidentale et adhère à un référentiel de valeurs proche de celui du Nord, en opposition donc au référentiel traditionnel soutenu par le discours islamiste. Ce groupe est ainsi l'interlocuteur le plus familier de l'observateur occidental qui a d'ailleurs tendance à ne voir et ne s'adresser qu'à lui, même s'il est minoritaire dans le monde arabo-musulman. Il est également assez peu représentatif puisque ces femmes sont généralement issues de milieux aisés, urbains et éduqués, et représentent donc une minorité, même si elles possèdent par leur statut social une visibilité plus importante.

L'autre groupe adhère au contraire au système de représentation de l'islam. Beaucoup moins connu de l'Occident, mais majoritaire, « moderne » (par opposition à « traditionnel »), éduqué, inséré professionnellement, ce groupe choisit l'islam de son plein gré comme moyen d'émancipation.

Celle-ci s'exprime notamment souvent à travers le port du voile ou hijab, pouvant être considéré à la fois comme un symbole d'attachement politique, comme «le symbole du refus d'une modernité importée et imposée (par l'Occident)», comme «l'emblème d'une adhésion à un système de représentation et de socialisation» ou encore comme le signe d'une soumission directe à Dieu et sa volonté plutôt qu'à l'homme[35]. Ces femmes s'opposent donc au système de référence occidental dans lequel elles ne se reconnaissent pas, c'est-à-dire un Occident incarnant pour elles le matérialisme, l'étiolement du lien social, le délitement du sentiment communautaire, la sexualisation de l'espace public, la marchandisation accélérée des rapports sociaux, etc. Considérées à tort comme des «victimes», les femmes de cette autre famille féministe du monde musulman sont au contraire des actrices

---

35. «À l'échelle individuelle [...], le port du hijab ne signifie pas nécessairement régression, comme on pourrait le croire de prime abord, constate également Fatiha Hakiki Talahite. On peut faire l'hypothèse qu'à travers le hijab la femme affirme que sa soumission à Dieu prime sa soumission à l'homme. [...] Revendiquer sa soumission directe à Dieu, sans passer par la médiation de l'homme, peut être interprété comme une affirmation de soi, un début d'émergence de la femme en tant qu'individu, dans une société où l'individu lui-même n'en est qu'à ses balbutiements» (Fatiha HAKIKI TALAHITE, «Sous le voile, les femmes», *Les Cahiers de l'Orient*, n° 23, septembre 1991, p. 123, citée par François BURGAT, *L'islamisme en face*, Paris, La Découverte, 1996, p. 224).

à part entière, mais se voient paradoxalement refuser cette identité par les analyses occidentales les plus courantes[36].

Les critiques radicales de l'islam supposent l'existence d'une incompatibilité absolue entre le féminisme et cette religion. Cela leur permet de disqualifier tout mouvement qui met de l'avant la «modernisation» de l'islam par les musulmans eux-mêmes. Cette vision présente le «salut» des femmes comme le résultat d'une avenue unique fondée sur le rejet catégorique de leur appartenance religieuse. Cette conception caricaturale n'a pourtant pas été nécessaire ailleurs dans le monde.

Ce discrédit jeté sur le féminisme islamique, en plus d'être à l'origine d'un malentendu insultant non seulement pour la culture arabo-musulmane, mais surtout pour les femmes qui s'en réclament, a également des répercussions totalement contre-productives sur le modèle qu'il promeut et les valeurs «progressistes» qu'il cherche à défendre en opposition. En effet, ce «conflit de valeurs» a de nombreuses conséquences néfastes dont les premières à en pâtir sont les femmes. La «modernisation» du statut de la femme est ainsi remise en cause

---

36. Selon François Burgat, l'un des plus grands spécialistes francophones de l'islam, «le paradoxe de l'Occident féministe est bien là : il refuse à celles qu'il prétend défendre des abus de la domination masculine le droit de se déterminer hors de toute spécificité féminine, en tant seulement qu'individu pensant et libre de ses choix» (*ibid.*, p. 221).

par une partie du monde arabo-musulman, particulièrement les mouvances islamistes et traditiona-
listes, car elle est vue comme étant opérée « au cours
de la phase impérialiste de l'Occident et sous couvert
de son langage[37] », donc considérée comme faisant
partie d'un référentiel culturel occidental vu comme
menaçant pour les valeurs du monde arabo-
musulman. Cette modernisation du statut des
femmes « à l'occidentale » est assimilée au conflit
plus général de représentations et de valeurs opposant le Nord et le Sud. L'irruption culturelle du Nord
et la hiérarchisation morale des valeurs établie par
l'Occident sont toujours vues comme une menace
à la survie des valeurs traditionnelles, particulièrement par les islamistes, dont une partie de ceux-ci
ont construit leur discours en opposition avec ce
qu'ils voient comme de la condescendance occidentale. Pour le dire comme François Burgat : « Chaque
fois que le modèle de socialisation "occidental" est
entré en conflit avec le modèle traditionnel, la violence résultant du conflit d'appartenance a touché
plus naturellement la composante féminine, moins
autonome à l'égard du système dominant[38]. »

Si l'islamisme peut donc être à blâmer sur certains
points, la surenchère du discours dominant occidental joue également un rôle problématique dont
les conséquences, en cette période d'autonomisation

---

37. François BURGAT, *op. cit.*, p. 221.
38. *Ibid.*, p. 220.

et de « réislamisation » du monde arabo-musulman, risquent de faire plus de tort que de bien aux femmes. En effet, ce discours – utilisant une rhétorique plus ou moins guerrière et offensive, dont l'agressivité s'apparente parfois à celle du discours islamiste – a la fâcheuse habitude d'opposer deux mondes, de hiérarchiser les cultures et d'imposer sa vision de la femme en tant qu'idéal et norme universelle, tout en restant sourd aux autres modèles d'émancipation qu'il considère comme « inférieurs ». Cela est aussi blâmable que les discours obscurantistes de certains courants islamistes traditionnels, et n'aide en rien l'émancipation des femmes du monde arabo-musulman, qui peuvent, contrairement à ce que l'on pense et comme on a pu le voir précédemment, aussi trouver dans le modèle islamique une source d'émancipation. Ce modèle est certes différent de celui que nous connaissons et produit donc des résultats différents de ceux auxquels notre référentiel nous a habitués, mais ceux-ci ne sont pas pour autant moins bénéfiques et dignes que ceux dont les femmes occidentales peuvent bénéficier.

Reprenons les mots de François Burgat : « Pour que le processus réformiste reprenne son cours, encore faut-il que l'interventionnisme inconsidéré et maladroit de l'Occident ne vienne pas constamment affirmer une sorte de monopole culturel de l'émancipation de la femme, comme il l'a fait longtemps. Encore faut-il ainsi que la "citadelle islam" comme l'explique Tareq al-Bishri, ne se sente pas assiégée.

On n'avance pas quand on est sur la défensive. On ne va pas de l'avant quand on défend ses positions[39]. »

Une fois faite cette mise au point sur la place complexe de l'islam et son rôle dans la définition des rapports de genre dans le monde arabo-musulman, il faut désormais constater un autre fait important : l'incroyable dynamisme de l'engagement féminin dans les organisations communautaires et sur des thèmes à la fois sociaux et politiques, qui contribue à leur garantir un rôle et une véritable place dans la sphère publique du monde arabe. En effet, qu'elles se réclament du féminisme islamique ou anti-islamiste, ou qu'elles ne se réclament d'aucune mouvance précise, de nombreuses femmes ont participé aux combats politiques et sociaux ponctuant l'histoire du Moyen-Orient.

L'éducation, à laquelle une proportion de plus en plus grande de femmes du monde arabe ont accès, est sans aucun doute un facteur explicatif très important de cet engagement communautaire et plus généralement du mouvement de libéralisation culturelle, sociale et politique[40] dont la démocratisation est

---

39. *Ibid.*, p. 225.

40. Les Palestiniennes bénéficient par exemple d'un accès et d'une bonne représentativité au sein des institutions d'éducation supérieure et connaissent un taux d'alphabétisation de plus de 90 %. Elles ont de plus des droits sociaux et politiques assurés (en tout cas pour la Cisjordanie) par l'Organisation de libération de la Palestine qui s'est doté dès 1965 d'une branche féminine, et l'Autorité palestinienne qui a adopté

proportionnelle à la croissance du taux d'accès au système éducatif, mais cet engagement est loin d'être un phénomène nouveau. Le féminisme arabe et islamique se développe en effet depuis la deuxième moitié du XIXᵉ siècle (avec néanmoins des phases de régression)[41] et était déjà salué en 1899 par l'écrivain et nationaliste égyptien Qasim Amin[42] dans son livre intitulé *La Libération des femmes*. Il y développait l'idée que le statut des femmes reflète le statut d'une nation et le niveau de civilisation qu'elle a atteint ; que l'éducation et l'indépendance des femmes sont signes de modernité, et qu'il n'y a là – comme on l'a vu précédemment – rien d'incompatible avec l'islam.

Voir un nationaliste défendre des idées féministes n'est pas un hasard. Les mouvements féministes arabes ont en effet toujours été intimement liés à des revendications politiques, nationalistes dans un premier temps, puis démocratiques dans un deuxième. Comme le répète souvent Naomi Wolf, « le féminisme n'est simplement qu'une extension logique de la démocratie ». Si un siècle auparavant

---

différentes lois et politiques visant à améliorer la représentativité politique des femmes palestiniennes, et a également ratifié la Convention pour l'élimination de toutes les formes de discrimination a l'encontre des femmes (CEDAW).

41. Voir à ce propos l'excellent livre de Sonia Dayan-Herzbrun, *Femmes et politique au Moyen-Orient*, Paris : L'Harmattan, 2005.
42. « Je ne crois pas qu'il soit exagéré de dire que les femmes sont le fondement d'une édification solide de la civilisation moderne ». Qasim Amin, *La libération des femmes*, 1899.

les femmes considéraient déjà que leur libération ne pouvait passer que par la création d'un État indépendant et souverain (tout comme les mouvements féministes palestiniens le pensent actuellement) et faisaient des revendications politiques une partie intégrante de leur mouvement, il n'est donc pas surprenant de voir les femmes du monde arabe si actives et présentes en ces heures de révolution politique favorisée par le printemps arabe, où le combat pour la démocratie et la justice sociale constitue le ciment liant entre eux les manifestants, qu'ils soient hommes, femmes, pratiquants ou non.

Ces organisations ont l'autre particularité d'aller souvent au-delà des clivages politiques, religieux, sociaux et économiques traditionnels. Elles prennent même des dimensions régionales, au-delà des frontières et des particularismes nationaux. Le féminisme moyen-oriental, à l'origine – comme on vient de le voir – très lié aux revendications nationalistes et aux combats indépendantistes pour se libérer du joug du colonialisme occidental, s'est en effet progressivement séparé de ce concept, pour se tourner vers de «nouvelles» formes d'associations et de revendications transfrontalières. C'est par exemple dès 1929 que le premier congrès des femmes arabes a vu le jour à la suite de l'unification et de la régionalisation progressive des mouvements féministes. Ces consortiums œuvrent depuis des décennies à l'amélioration de la condition des femmes et à leur intégration dans la sphère publique arabe. Mais l'action et le travail de ces organisations ne se cantonne pas aux questions uniquement féminines et couvre un spectre tout aussi large, voire plus ample et complet encore, que celui des organisations « classiques ». Certaines ont en effet acquis une expertise particulière pour les questions sexo-spécifiques souvent délaissées, quand d'autres œuvrent sur des thématiques plus globales.

Les guerres et les divers conflits qui ont déchiré la région n'ont pas non plus découragé ou ralenti ces modes d'organisation, bien au contraire : ils en sont devenus l'objet. On a ainsi vu se former des coalitions de femmes israélo-palestiniennes, travaillant de concert au-delà des lignes du conflit à l'amélioration de la condition féminine et à la recherche d'une solution pacifique durable et plus juste. Le plus connu (et le plus politique) de ces consortiums israélo-arabes est le Jerusalem Link, créé lors de la conférence de Nairobi en 1985, mais il en existe d'autres, comme le TANDI (Movement of Democratic Women[43]), la Coalition of Women for Peace[44], etc. De nombreuses femmes se sont ainsi engagées dans le domaine communautaire et représentent une part importante de la société civile palestinienne, pendant que d'autres, demeurant certes une minorité issue des grandes familles, assument de lourdes responsabilités aux niveaux exécutif, politique et diplomatique. Certaines sont même devenues des icônes nationales. Hanan

---

43. www.mdwii.com.
44. www.coalitionofwomen.org.

Ashrawi a par exemple pendant des années été la porte-parole de l'Organisation de libération de la Palestine, notamment lors de la signature historique des accords d'Olso en 1993, ainsi qu'une figure de la résistance palestinienne lors de la première intifada. Hiba Husseini dirige quant à elle le Negotiation Support Unit (NSU), bureau palestinien responsable du soutien technique et juridique de la délégation palestinienne menant les négociations de paix avec Israël. D'autres, comme Janet Mikhail ou Siham Barghouti, sont respectivement maire de Ramallah, la capitale économique et politique des Territoires palestiniens, et ministre de la Culture de l'Autorité palestinienne.

Si l'accès à l'éducation a largement démocratisé cet engagement, Internet n'est pas non plus étranger à cette émancipation, ayant entre autres rendu la vague de protestations et de soulèvements populaires du printemps 2011 possible et inévitable. Des blogueurs tels que l'Égyptienne Leil Zahra Mortada ont en effet pu trouver sur la toile la liberté d'expression qui a souvent pu leur être refusée autrefois, notamment sur des sujets d'ordre politique et sécuritaire. La structure et l'interface de Facebook ont réussi là où les institutions traditionnelles ont échoué. Ce nouveau média a procuré un espace de liberté dépourvu de pression sociale et de hiérarchie formelle, où il a été possible aux femmes de soumettre leurs idées et de mobiliser leurs pairs sans avoir à monter sur une estrade ou prendre un mégaphone.

Facebook et l'ensemble des réseaux sociaux ont ainsi créé un contexte propice à ces femmes pour s'organiser à large échelle en dehors de la pression patriarcale traditionnelle. Cela leur a permis, de plus, de se forger une puissante conscience collective et d'acquérir un leadership qui leur permet à la fois de faire participer un plus large public féminin et de faire avancer à l'échelle nationale, voire globale, les causes de paix et de justice qu'elles ne pouvaient souvent défendre qu'à un moindre niveau auparavant – lorsqu'elles avaient la liberté de le faire.

Comme on peut le voir, nombre de ces femmes sont bien loin du cliché de la femme au foyer analphabète et soumise, prisonnière de rapports de genre inflexibles et dont la seule marge de manœuvre se cantonnerait à la sphère privée. Il faut cependant bien sûr rester vigilant et ne pas se voiler la face quant aux nombreux obstacles toujours rencontrés par une grande partie des femmes du Moyen-Orient. Même si de nombreux progrès ont été faits, la place des femmes au sein de la sphère publique arabe est toujours l'objet d'un combat qui est loin d'être achevé. De nombreuses discriminations continuent d'exister et sont une réalité quotidienne que négliger serait une grossière erreur. D'importantes nuances sont également à faire au moment d'évaluer la situation des femmes dans les pays du monde arabe. Toutes n'ont en effet pas les mêmes droits ni les mêmes libertés, et considérer la place des femmes dans la sphère publique saoudienne (très inégalitaire) et tunisienne (plutôt ouverte et progressiste) comme faisant partie d'un tout homogène et sans distinction serait un non-sens absolu.

Mais une chose reste sûre, ces sociétés ont un rapport au genre beaucoup plus complexe et pluriel que celui que les stéréotypes projetés par l'Occident – à travers le prisme terriblement réducteur, mais pourtant encore omniprésent du modèle taliban – veulent bien leur attribuer. Ce prisme est non seulement sexiste et victimisant, mais il est également dangereux. Il sous-tend en effet que ces femmes, victimes impuissantes et objets de pitié, ne seraient bonnes qu'à attendre silencieusement leur délivrance et auraient besoin pour ce faire de l'aide et de l'assistance qu'elles ne sont pas capables de se procurer elles-mêmes : celle des intellectuels, des politiciens – ou, pire, de l'armée – des pays occidentaux. Entendons-nous : une grande partie de ces femmes sont non seulement parfaitement capables de saisir les rênes de leur propre destinée sans avoir besoin de l'assistance de pays s'autoproclamant plus « civilisés » que les leurs, mais une partie d'entre elles ont de plus déjà commencé à le faire et à y parvenir, notamment à travers les récentes révolutions qu'elles ont contribué à mener à bien. Comme le dit Soumaya Ghannoushi[45],

---

45. Soumaya Ghannoushi, « Rebellion : Smashing stereotypes of Arab women », Al Jazeera, 25 avril 2011. Accessible à cette adresse : http://english.aljazeera.net/indepth/opinion/2011/04/201142412303319807.html.

le modèle d'émancipation qu'elles sont en train de construire de leurs propres mains est un modèle défini par leurs propres besoins, leurs propres choix et leurs propres priorités. C'est désormais à l'Occident d'accepter, de respecter et de soutenir – sans intrusion ni tentative d'appropriation – cette dynamique.

Pour aller plus loin

- BURGAT François, *L'islamisme en face,* Paris, la Découverte, 1996.
- DAYAN-HERZBRUN Sonia, *Femmes et politique au Moyen-Orient,* Paris, L'Harmattan, 2005.
- DEAS Joan, *Being a woman and mediating middle-eastern conflicts : an impossible deal or an opportunity to explore ?,* mémoire de maîtrise, Institut d'études politiques de Grenoble, 2010.

4. « Il n'existe aucune solution au conflit israélo-palestinien »

La persistance dans le temps et l'extrême complexité du conflit israélo-palestinien facilitent la fermentation des idées reçues entourant cette thématique. La somme des enjeux qui s'y concentrent en plus des passions identitaires et idéologiques qu'elles suscitent de part et d'autre nous privent, de surcroît, de la patience nécessaire au démêlage analytique d'un des pires nœuds géopolitiques sur lequel il est possible de se pencher.

Les origines de cette guerre, officiellement déclarée sous sa forme actuelle les jours ayant suivi la proclamation de la création de l'État d'Israël par David Ben Gurion le 14 mai 1948, sont en réalité bien plus anciennes et résultent de causes bien plus complexes et profondes qu'un simple discours d'indépendance ou qu'une « banale » rivalité politique et territoriale.

En résolution de conflits, il est coutume de classer le conflit israélo-arabe dans la catégorie des « conflits insolubles. » Cette guerre a en effet la particularité de réunir et de confronter des dimensions à la fois ethniques, territoriales, religieuses, historiques, culturelles, politiques, stratégiques, économiques et sociales. Ces dimensions interagissent entre elles à la fois sur les plans local, régional et international, et mobilisent un grand nombre d'acteurs. Ce conflit voit s'affronter ce que l'historien et diplomate israélien Elie Barnavi a coutume d'appeler « deux versions furieusement divergentes de la même histoire ». Selon Robert Malley, cela implique donc également des questions psychologiques, émotionnelles et symboliques venant encore compliquer l'équation[46]. Ce conflit se distingue enfin par la versatilité de ses

---

46. Malley, Robert et Henri Laurence, « Israël-Palestine », dans *Guerres d'aujourd'hui : pourquoi ces conflits ? Peut-on les résoudre ?*, Daniel, Sara (dir.), Paris, Éditions Delavilla, 2008.

acteurs et de son contexte, qui peuvent rendre toute décision, laborieusement prise un jour, obsolète en un claquement de doigts dès le lendemain. Toutes ces dimensions sont interdépendantes. Il est donc impossible d'envisager la construction d'une paix durable et juste sans que l'intégralité des problèmes qu'elles posent et des questions qu'elles soulèvent ne soit traitée. Le défi pour mettre un terme au différend israélo-palestinien est donc de taille.

L'objectif de ce texte n'est pas de détailler l'histoire ni les causes du conflit, on pourra aisément trouver une chronologie des évènements ayant secoué la région et une analyse complète des relations de cause à effet qui ont mené à la situation que l'on connaît aujourd'hui dans de nombreux ouvrages. Ce conflit a en effet la caractéristique d'être l'un des mieux documentés et des plus analysés au monde. On pourra notamment lire le chapitre « Israël-Palestine » de Robert Malley et Henri Laurence, dont les références complètes sont données en fin de texte. Nous allons plutôt nous attacher ici à présenter les éléments prêtant à penser que, contrairement à une croyance très répandue aussi bien au niveau populaire que parmi les élites et le milieu académique, ce conflit a non seulement le potentiel de prendre fin un jour, mais que, contrairement à d'autres, tous les éléments de sa résolution sont déjà connus et entre les mains de ses principaux acteurs. Cependant, si les solutions existent et sont déjà connues depuis de nombreuses années aussi bien par le corps diplomatique et exécutif que par les divers spécialistes du conflit, elles engagent malheureusement un grand nombre de circonstances et de conditions préalables à leur mise en application. C'est la réunion extrêmement improbable – mais pas impossible – de l'intégralité de ces conditions qui incite la majorité à penser que ce conflit ne finira jamais.

Exposons donc maintenant ces solutions et les circonstances nécessaires à leur mise en application afin de mieux comprendre pourquoi arriver à une issue dans cette région du monde est si complexe, mais pas si impossible.

Parmi les nombreux obstacles entravant le processus de paix, il existe quatre « grands dossiers » sur lesquels les négociations ont toujours buté, et qui constituent les obstacles les plus importants et les plus sensibles à l'établissement d'une paix durable entre Israéliens et Palestiniens. Ces dossiers sont 1) le statut de Jérusalem, 2) le sort des près de 5 millions de réfugiés palestiniens et la question de leur droit au retour, 3) la sécurité de l'État d'Israël et enfin 4) la définition des frontières du futur État palestinien. À ces dossiers s'ajoutent deux importants « points noirs », dont l'ampleur grossit à mesure que le temps passe sans qu'un accord ne soit trouvé. La gestion de l'eau d'abord, de plus en plus problématique et qui ne pourra se régler adéquatement sans une coopération efficace et équitable au niveau régional, et enfin la question du statut des minorités au sein de l'État d'Israël, alors que ce dernier a posé comme condition initiale à la reprise des négociations la reconnaissance par toutes les parties de son statut « d'État du peuple juif », laissant par cette terminologie un certain flou sur le sort des 1 350 000 Arabes israéliens (15 % à 20 % de la population israélienne) qui vivent toujours sur le sol israélien et qui en détiennent la nationalité (sans parler des autres minorités ethniques et religieuses, notamment les chrétiens maronites, eux aussi citoyens israéliens).

À ces obstacles s'ajoute l'accumulation de ce que l'on nomme les « faits établis sur le terrain » (tels que la construction de nouvelles colonies, etc.) qui compliquent de plus en plus une équation déjà bien difficile à résoudre, et ternissent l'espoir de trouver une solution au fur et à mesure que le temps passe. Il faut également compter avec la faiblesse politique et institutionnelle des deux principaux protagonistes : d'un côté les Israéliens, dont le système électoral dit « à la proportionnelle intégrale » favorise la création de coalitions politiques au sein desquelles de petits partis – parfois de courants extrémistes, comme c'est le cas dans le gouvernement de Benyamin Netanyahou entré en fonction en février 2009, avec le Parti religieux ultra-orthodoxe Shass et le Parti ultra-nationaliste Yisrael Beiteinu – se retrouvent dans la position de pouvoir imposer leurs conditions et bloquer le processus de paix s'ils l'entendent.

De l'autre côté, la division existant entre le Hamas et le Fatah, les deux partis politiques palestiniens, depuis leur lutte fratricide en 2007, continue de discréditer la volonté de l'autorité palestinienne d'obtenir un accord de paix malgré les efforts de réconciliation affichés depuis 2011. L'Autorité palestinienne, orpheline du Hamas et elle-même victime de luttes intestines et de problèmes de corruption qui la gangrènent, n'est en effet plus représentative de l'intégralité de la population palestinienne et voit sa structure et sa crédibilité d'autant plus affaiblies que la Ligue arabe ne joue pas véritablement de rôle rééquilibrant. La position palestinienne à la table des négociations s'en trouve ainsi fragilisée. Cela fait en sorte que de nombreux doutes sont émis à la fois par Israël et la communauté internationale quant à la capacité de l'autorité palestinienne de mener efficacement des négociations, ou en d'autres mots de pouvoir « vendre » un hypothétique accord à son peuple pour ensuite le mettre en application au cas où celui-ci se verrait ratifié.

En plus des faiblesses internes de chaque partie, on assiste à une puissante dissymétrie des rapports de force entre les deux camps en présence, qui ne pousse en rien le camp israélien à aller vers la voie de la négociation. Celui-ci sait en effet que sa stratégie consistant à jouer la montre et à profiter de la faiblesse de la partie adverse pour conserver le *statu quo* est jusqu'ici plus payante que celle consistant à mettre en place de véritables pourparlers de paix.

Au centre, enfin, là où les États-Unis devraient être capables d'infléchir la position israélienne dans le sens de l'option multilatérale et de rééquilibrer cette dissymétrie des rapports de force, ils se trouvent au contraire incapables de répondre aux impératifs de neutralité requis par leur rôle de médiateur et d'influencer la stratégie de leur allié israélien. Tous les ingrédients d'un échec diplomatique cuisant sont donc en somme réunis.

Mais, même si tous ces obstacles paraissent insurmontables, des solutions existent pour répondre à chacun de ceux-ci, et sont parfaitement connues des acteurs. Jeff Halper, citoyen israélien, directeur du Comité israélien contre les démolitions de logements[47] et nominé au prix Nobel de la paix en 2006, a défini sept éléments devant être impérativement inclus dans toute solution pour une paix juste et durable :

> Une paix viable et durable doit inclure les deux peuples vivant en Palestine / Israël ; toute solution doit permettre l'expression nationale de chacun des deux peuples, pas seulement une formule démocratique fondée sur le principe une personne = un vote. Elle doit procurer à toutes les parties une viabilité économique ; aucune solution ne fonctionnera si elle n'est pas fondée sur les droits de l'homme, le droit international et les résolutions de l'ONU ; la question des

---

47. www.icahd.org.

réfugiés, basée sur le droit au retour, doit être abordée
de manière franche ; une paix praticable doit être
régionale ; elle ne saurait être confinée seulement à
Israël / Palestine ; une paix juste doit prendre en
compte les préoccupations de sécurité de toutes les
parties et de tous les pays de la région. Ces sept éléments doivent se trouver dans la configuration de
toute solution juste. Si toutes sont incluses, un
règlement du conflit pourrait prendre de nombreuses
formes différentes. Mais, si un seul fait défaut, aucune
solution ne fonctionnera, peu importe qu'elle paraisse
bonne sur le papier[48].

Depuis le dernier accord effectif en date entre les
deux parties (c'est-à-dire les accords d'Oslo en 1993),
des plans de paix novateurs et prometteurs incluant
ces sept conditions ont été proposés par les deux
camps et pourraient servir de base solide à un éventuel accord dans le cas où l'exécutif israélien se
déclarerait officiellement prêt à les examiner et à les
incorporer aux négociations en cours. En 2002, sous
l'égide du roi d'Arabie saoudite, l'ensemble des pays
arabes a ainsi proposé un plan de paix à Israël,
offrant à l'État hébreu la reconnaissance de son droit
à exister ainsi que la normalisation de ses relations
avec l'ensemble des pays membres de la Ligue arabe,
en échange d'un retrait total des territoires occupés
(y compris Jérusalem-Est) et d'un règlement « juste »

---

48. Jeff Halper, notes personnelles, août 2011. Traduction libre.

du problème du droit au retour des réfugiés palestiniens. Cet accord est à la fois historique et crédible,
car c'est le premier accord concret proposé à l'échelle
régionale à l'initiative des pays arabes, qui ont réussi
ici à parler d'une seule voix. Or, comme le souligne
Jeff Halper, on sait que le règlement du conflit
israélo-palestinien ne passera que par la conclusion
d'un accord à l'échelle régionale, nécessitant donc
a minima la participation dans les négociations des
pays voisins d'Israël et du futur État palestinien
(Égypte, Jordanie, Liban, Syrie). Certaines figures
influentes de la société et de la politique israéliennes
(Israël n'avait pas été consulté lors de la formulation
de l'Initiative arabe pour la paix à Beyrouth en 2002)
ont répondu à ce plan en en proposant une version
modifiée : l'Initiative israélienne pour la paix, mais
restant néanmoins dans le même esprit que l'original. D'autres propositions prometteuses, telles que
le l'Initiative de Genève en 2003[49], ont également été
publiées.

Malheureusement, à ce jour, il manque encore la
volonté de l'exécutif israélien de réellement leur
donner corps et crédit, en partie pour les raisons
citées précédemment. Comme l'expliquerait le grand
théoricien structuraliste de la résolution de conflits,
William Zartman, à l'heure où ces lignes sont écrites,
le temps ne semble pas encore suffisamment « mûr »
dans le cycle du conflit pour qu'un accord puisse être

---

49. www.geneva-accord.org.

conclu officiellement pour le moment. Si l'on suit la théorie du calcul rationnel des individus, cela signifie que les parties, ou au moins l'une d'entre elles, ne considèrent pas encore dans leurs calculs coûts/bénéfices que l'option de négocier leur sera plus bénéfique que celle de poursuivre le conflit dans ses termes et ses conditions actuelles. Tant que ce sera le cas, le temps ne sera pas « mûr » pour l'aboutissement du processus de paix.

Mais, pour que la construction d'une paix juste et durable soit possible, on doit éviter de réfléchir seulement en termes politiques et « réalistes ». Imaginons que l'exécutif palestinien résolve ses dissensions internes et renforce ses capacités de gouvernance, et que le gouvernement israélien forme une nouvelle coalition moins dépendante des petits partis ultra-nationalistes, donc plus à même d'examiner de manière sérieuse les propositions qui ont été déposées sur la table des négociations depuis plus d'une décennie. Malgré la présence inédite et indispensable de cette fenêtre d'opportunité au niveau politique, il faudrait malheureusement plus que deux gouvernements enfin décidés à utiliser leur mandat pour signer un accord si l'on veut véritablement construire la paix de manière durable. Comme on l'a expliqué précédemment, ce conflit n'est en effet pas qu'une question de calcul rationnel, mais également une affaire de psychologie et d'affect, mobilisant des émotions profondes et violentes chez les acteurs concernés. Il faut donc envisager,

en parallèle des efforts pour faire aboutir le processus de paix au niveau politique, l'adoption plus
systématique d'une approche qu'on appelle «trans-
formative», à savoir qui vise à «transformer» la
perception mutuelle des parties, de l'«autre», de
l'«ennemi», dans le but de le reconnaître au
contraire comme un partenaire de dialogue à part
entière et, finalement, reconstruire des liens de
confiance que des années de conflits et de stratégies
de confinement (construction de murs, cassage des
espaces de vie commune, etc.) ont contribué à
briser profondément. Cette approche a déjà été
testée et pratiquée à plusieurs reprises, par de
nombreuses actions, notamment des dialogues
interculturels à différents niveaux politiques et
sociaux entre les membres des deux communautés,
des ateliers de parole et de coopération, la création
de consortiums israélo-palestiniens prônant une
approche transversale et un travail commun pour
la paix, aidant de ce fait à reconstruire des «ponts»
psychologiques (mais aussi physiques) entre les
deux peuples. De nombreuses politiques actuelles
vont dans le sens inverse de cette voie; qu'on pense
à la stratégie sécuritaire du gouvernement israélien
qui brise depuis 2001 les espaces de vie communs
et sépare physiquement et symboliquement les
deux communautés en les rendant un peu plus
étrangères l'une à l'autre au fil des générations
(avancement de la construction du mur de sépara-
tion, persistance du blocus de la bande de Gaza,

etc.). De plus, le choix d'une partie de la communauté palestinienne de répondre par la violence plutôt que par le dialogue a pour effet d'alimenter un cycle de haine sans fin.

La stratégie de transformation prône exactement l'inverse. Elle vise à créer ou à récréer un « nous », une condition psychologique qui reconsidérerait le « vivre-ensemble » israélo-palestinien comme du domaine du possible et briserait cette image de l'ennemi et cette spirale de la violence qui s'auto-entretiennent et sont utilisées à la fois pour justifier la politique ultra-sécuritaire du gouvernement israélien et le recours à la violence par les groupes armés palestiniens. Ce vivre-ensemble n'est pas si loin et, selon le célèbre écrivain israélien David Grossman, il serait même possible de reconstruire « de bonnes relations de voisinage[50] ». Les deux peuples ont en effet vécu ensemble en relative harmonie dans la région pendant des siècles, entretenant des relations de commerce et de bon voisinage, il n'y a donc aucune raison qu'ils ne soient pas capables de le refaire aujourd'hui. Ce n'est, selon beaucoup, qu'une question de temps, de volonté et d'éducation.

Comme nous l'avons expliqué, la résolution de ce conflit devra nécessairement passer par la mise à profit d'un *momentum*, d'une fenêtre d'opportunité

---

50. Interview de David Grossman par Natalie Levisalles, rubrique « Le cahier livres de Libé », *Libération.fr*, 20 août 2011.

qui verra s'aligner au même moment un certain nombre de conditions favorables. Pour naître, ce *momentum* a généralement besoin d'un facteur déclencheur, une sorte de goutte d'eau symbolique qui viendra faire déborder le vase. Il se trouve justement que les vagues de révolutions du Printemps arabe ont profondément et durablement affecté l'intégralité de la région, n'épargnant pas Israël et l'isolant encore un peu plus sur la scène diplomatique, notamment avec la chute d'Hosni Moubarak qui signe la perte de l'un des principaux partenaires diplomatiques de l'État hébreu à l'échelle régionale. Ces protestations ont également touché le cœur même d'Israël durant l'été 2011, avec des manifestations contre les inégalités sociales et la hausse du coût de la vie réunissant dans la rue plus de 400 000 personnes, faisant de ce mouvement le plus important mouvement de contestation de l'histoire d'Israël, selon l'analyste israélien Gideon Levy[51].

De plus, en montrant que le changement était possible et que la région n'était pas condamnée à l'immobilisme politique pour peu que le peuple se mobilise de manière massive, ces profonds bouleversements ont recommencé à insuffler au monde arabe – et notamment à la rue palestinienne – ce qui

---

51. Gideon Levy, « Gideon Levy / Israeli protesters must remain in tents until time is right. The night I was proud to be an Israeli. » Publié à 01 h 32 le 31 juillet 2011. http://www.haaretz.com/print-edition/news/gideon-levy-israeli-protesters-must-remain-in-tents-until-time-is-right-1.376113.

leur faisait cruellement défaut ces dernières années : de l'espoir. Cet espoir, couplé à la nouvelle donne géostratégique plus favorable à la partie palestinienne, semble avoir redonné au camp palestinien un certain ascendant psychologique et symbolique sur la partie adverse, indispensable à des négociations plus équilibrées. L'autorité palestinienne avait un urgent besoin de regagner la confiance et le soutien de son peuple, son extrême faiblesse et son impuissance à obtenir un accord de paix ayant été cruellement mises à jour par les fuites des « Palestine Papers » à l'hiver 2011. Ces fuites avaient révélé que le camp palestinien avait consenti, dans des discussions tenues secrètes sous l'égide des États-Unis, à offrir à la partie israélienne les compromis les plus généreux jamais accordés dans l'histoire du processus de paix de ce conflit. Ces fuites ont révélé au grand jour plusieurs éléments importants : l'impasse des pourparlers depuis les accords d'Oslo en premier lieu, l'incroyable précarité de la partie palestinienne en second lieu, et enfin le manque de bonne foi et de volonté d'Israël de véritablement négocier. Cet événement a eu l'effet d'une véritable claque salvatrice, sortant l'administration de Mahmoud Abbas de sa torpeur. Humiliée, décrédibilisée, l'Autorité palestinienne a en effet depuis ce jour complètement revu sa copie et lancé une série de mesures politiques et diplomatiques visant à retrouver une dynamique perdue depuis longtemps.

Ses objectifs étaient simples : retrouver le pouvoir de l'initiative et l'ascendant psychologique, sortir de l'immobilisme politique et diplomatique gangrénant le processus depuis deux décennies, et tenter d'enfin rééquilibrer la dissymétrie de puissance avec le camp israélien. Elle a tout d'abord tenté de résoudre ses dissensions internes en 2011 en amorçant une réconciliation avec son frère ennemi du Hamas avec l'aide de l'Égypte, puis s'est affairée en parallèle à renforcer ses capacités de gouvernance et d'autonomie[52] en prévision de l'ultime coup de poker de Mahmoud Abbas : la demande d'adhésion de la Palestine en tant que membre à part entière à l'ONU en septembre 2011. Les répercussions de cette demande et l'important soutien qu'elle a reçu par de très nombreux pays malgré les pressions israélo-américaines ont fait l'effet d'un coup de semonce sur les diplomaties des deux alliés, les mettant face à leurs responsabilités et leurs contradictions aux yeux du monde entier. Cette demande d'adhésion, dont l'issue légale est encore inconnue à l'heure où ces lignes sont écrites, aura au moins eu le mérite de remettre à l'ordre du jour de l'agenda mondial la question palestinienne et de forcer les grandes puissances à cesser leur politique de « l'autruche » et à réellement se positionner sur la

---

52. Cette initiative a notamment été saluée par la communauté internationale et est considérée comme crédible par un rapport de l'ONU datant d'avril 2011 (Daniel R. DePetris, «UN Report : Palestinians Ready for Statehood», *Altantic Sentinel*, 16 avril 2011, http://goo.gl/8qlG6).

question. Ce rééquilibrage des forces entre les deux camps et ce braquage de projecteurs sur la région auront peut-être pour effet d'inciter à la fois le monde à véritablement se mettre au service du processus de paix, et surtout les deux acteurs à enfin faire les concessions – certes douloureuses, mais indispensables – pour donner sa chance à une paix juste et durable de voir le jour.

Pour aller plus loin

- MALLEY Robert, et Henri LAURENCE, «Israël-Palestine», dans *Guerres d'aujourd'hui : pourquoi ces conflits? Peut-on les résoudre?*, DANIEL Sara (dir.), Paris, éditions Delavilla, 2008, p. 313-365.
- DEAS Joan, «Initiative palestinienne à l'ONU : coup de poker ou acte de reddition?», *Le Devoir,* 21 septembre 2011.

5. « Le Moyen-Orient est une région violente »

Cette vieille idée reçue voyant la région moyen-orientale et le monde arabo-musulman comme des espaces de violence et des sociétés barbares a trouvé de nombreux nouveaux adeptes à la suite des attentats qui ont frappé en plein cœur la capitale économique et culturelle des États-Unis, le 11 septembre 2001. Ces attentats, qui ont réduit en poussière le World Trade Center de New York et ôté la vie à plusieurs milliers de personnes, ont été attribués au désormais célèbre groupe terroriste islamiste Al-Qaïda, dirigé à l'époque par Ben Laden, assassiné par les services secrets américains dix ans plus tard alors qu'il se cachait dans une maison isolée proche d'Islamabad, la capitale du Pakistan. Ces attentats ont très fortement marqué les esprits occidentaux. La récupération politique et idéologique qui en a été faite, notamment par l'administration républicaine de George W. Bush alors président des États-Unis, a résulté en une exacerbation des sentiments anti-musulmans et anti-arabes au sein de la population américaine, mais aussi parmi la population occidentale en général. Ce sentiment a été fortement accentué par les diverses couvertures produites par de nombreux médias, qui n'ont pas su résister à la tentation du spectaculaire et de la caricature. Comme l'explique Soumaya Ghannoushi,

L'islam est devenu une problématique à la fois locale et mondialisée, quotidiennement diffusée à l'échelle globale à travers un nombre incalculable d'images. Depuis cette date [des attentats du 11 septembre 2001], il se passe rarement un jour sans que l'on entende, lise ou regarde les récits et comptes-rendus terrifiants d'évènements liés au monde musulman. La présence de minorités musulmanes dans les villes occidentales a davantage compliqué les choses, aggravant l'interaction déjà complexe entre le local et le global. La peur continue d'un perpétuel « danger musulman» s'est mêlée et confondue à la peur ancienne et bien ancrée des immigrants et des étrangers. [...] L'Occident semble avoir créé sa propre «machine de vérité» concernant l'islam, les musulmans, les Arabes et le Moyen-Orient. Le regard et l'analyse passent constamment à travers ce prisme, produisant et reproduisant les mêmes récits *ad infinitum*[53].

De nombreuses personnes voient donc le Moyen-Orient tel qu'il leur est présenté par les médias et leurs représentants politiques: un monde violent, chaotique, barbare, gangréné par le terrorisme et les conflits, où la loi de la jungle prime l'État de droit. Pourtant, cette peur exacerbée et démesurée n'a pas lieu d'être. Si l'on se penche par exemple sur l'histoire des conflits du xxᵉ siècle et que l'on analyse à la fois le nombre de pertes humaines totales (civiles et militaires) qui s'y rapportent et «l'intensité» et «l'atrocité» des crimes commis (crimes de guerre, crimes contre l'humanité, génocides, etc.), on voit que le Moyen-Orient fait pâle figure à côté de certains conflits particulièrement violents et meurtriers, impliquant d'autres régions du monde dont certaines se targuent pourtant d'être plus «développées». Le xxᵉ siècle aura été l'un des plus sanglants

53. Source: GHANNOUSHI, *Al Jazeera*, 27 janvier 2011 (traduction libre). Disponible en ligne: http://english.aljazeera.net/indepth/opinion/2011/01/201112611591745716.html.

et barbares de l'histoire de l'humanité, connaissant entre autres le génocide des Arméniens par les Turcs en 1915, deux guerres mondiales faisant plusieurs dizaines de millions de morts, l'univers concentrationnaire nazi, celui du Goulag, les guerres postcoloniales d'Indochine ou d'Algérie, les guerres civiles et les exterminations massives du Biafra, du Cambodge ou du Rwanda, les dictatures répressives d'Amérique latine, la purification ethnique dans l'ex-Yougoslavie[54], etc. En tout, selon l'étude de Milton Leitenberg[55] de l'Institut néerlandais de relations internationales Clingendael, publiée en 2006, 231 millions de personnes auraient péri à la suite des différents conflits, « violences structurelles » et « violences d'État » ayant ponctué le cours du XXe siècle. La majorité de ces pertes ne concernent cependant pas la région moyen-orientale et la responsabilité de la plupart des conflits ayant déchiré le monde n'est pas attribuable à un pays du monde arabo-musulman en particulier.

Concernant par exemple les massacres de populations civiles de grande ampleur commis au

---

54. IANNUCCI, Ugo, « Avant-propos », dans *Crimes de masse au XXe siècle. Génocides, Crimes contre l'Humanité*, AUZIAS Claire & Co, Lyon, éditions ALEAS, décembre 2008, p. 5.
55. LEITENBERG, Milton, *Deaths in wars and conflicts in the XXe century*, Cornwell University, Peace Studies Program, occasional paper n° 29, 3rd edition, August 2006. Rapport disponible en ligne : http://www.clingendael.nl/publications/papers/?id=6327&&type=summary.

xxe siècle, aucun n'implique directement la responsabilité d'un pays moyen-oriental, hormis le génocide
d'un million et demi d'Arméniens et le massacre de
250 000 Assyriens par l'Empire ottoman en 1909 et
1915, si l'on considère la Turquie actuelle comme
faisant partie du Moyen-Orient. Concernant les
génocides commis au xxe siècle, sur les cinq officiellement reconnus par le droit international (il s'agit de
ceux qui ont touché les peuples juif, tzigane, armé-
nien, tutsi rwandais et musulman de Bosnie), un seul
implique un pays moyen-oriental si l'on considère
encore une fois que la Turquie (l'Empire ottoman de
l'époque) peut être incluse dans cette région[56].

Si l'on se penche ensuite sur les chiffres des pertes
militaires seulement (donc en excluant les pertes
civiles), on découvre que, pour environ 40 millions
de soldats morts durant les guerres du xxe siècle, le
Moyen-Orient arrive en sixième position[57], loin
derrière les deux guerres mondiales, la guerre de
Corée (1950-1953), la guerre civile chinoise (1945-
1949) et la guerre du Vietnam[58].

---

56. JAILLARDON, Édith, « Les crimes de masse : crimes de
guerre, crimes contre l'humanité, génocide », dans *Crimes de
masse au xxe siècle. Génocides, crimes contre l'Humanité*, AUZIAS
Claire & Co, Lyon, éditions ALEAS, décembre 2008, p. 9.
57. Guerre Iran-Irak : 1 million de morts selon les estimations.
58. Source : graphique Bilan des pertes militaires des guerres
du xxe siècle, http://www.le-cartographe.net/index.php/
dossiers-carto/monde/104-les-pertes-militaires-des-guerres-
du-xxeme-siecle.

Si l'on regarde enfin les «baromètres de conflits» publiés chaque année par les analystes allemands du Heidelberger Institut für Internationale Konfliktforschung (HIIK), et qui constituent des rapports annuels très complets sur les crises et les conflits politiques mondiaux, on se rend compte que le Moyen-Orient est dans la «moyenne» mondiale concernant le nombre de crises et conflits divers. Par exemple, dans le rapport analysant les conflits de l'année 2002[59], sur un total de 173 conflits politiques répertoriés par l'HIIK, 28 sont situés dans la région moyen-orientale, contre 54 en Asie, 19 dans les Amériques, 44 en Afrique et 28 en Europe. Sur les 42 considérés comme «violents» par l'HIIK, 7 ont eu pour théâtre d'action le Moyen-Orient, contre 2 en Europe, 4 dans les Amériques, 13 en Asie et 16 en Afrique. Il est cependant difficile d'effectuer une comparaison directe des régions du monde entre elles en termes quantitatifs, puisque celles-ci n'ont pas le même niveau de peuplement. Il faut donc prendre ces chiffres avec précaution et seulement à titre indicatif. Ils viennent cependant renforcer une forte tendance observée dans de nombreux rapports qualitatifs et quantitatifs publiés sur la question des conflits dans le monde, desquels le Moyen-Orient

---

59. HEIDELBERG INSTITUTE ON INTERNATIONAL CONFLICT RESEARCH, *Conflict Barometer 2002*, Department of Political Science, University of Heidelberg, décembre 2002. Disponible en ligne : http://www.konflikt-barometer.de/en/konfliktbarometer/index.html.

ne se démarque ni en nombre de crises, ni par le degré d'intensité des violences commises.

Concernant la violence et la criminalité «ordinaires», notamment le nombre d'homicides commis dans chaque pays, les chiffres sont plus fiables et encore plus révélateurs. Si l'on regarde les données mondiales concernant le nombre d'homicides par 100 000 habitants fournies par l'ONU, la grande majorité des pays moyen-orientaux et arabes arrivent en bas de classement, très loin derrière les pays d'Amérique centrale, d'Amérique du Sud, des Caraïbes, d'Afrique subsaharienne. Ces chiffres incitent à penser que les sociétés moyen-orientales ne montrent non seulement pas de taux de criminalité plus important que d'autres régions du monde, mais sont même moins violentes que la moyenne mondiale observée. La moyenne mondiale est de 10,3 homicides par 100 000 habitants alors qu'elle n'est que de 4,0 pour les pays arabes et du Grand Moyen-Orient. Malgré les révoltes et les conflits armés au Soudan, la moyenne des pays de ce dernier groupe se situe en dessous des États-Unis qui montrent 5,0 homicides par centaine de milliers d'habitants lors de l'année 2010. Nous sommes donc loin du cliché des sociétés barbares et chaotiques présenté par plusieurs médias.

Tableau 3

Nombre d'homicides intentionnels par 100 000 habitants
selon le pays, données de l'ONU.

26 premiers pays dans le monde	Taux	Ligue arabe et Grand Moyen-Orient	Taux
Honduras	82,1	Soudan (Nord et Sud)	24,2
Salvador	66,0	Mauritanie	14,7
Côte d'Ivoire	56,9	Comores	12,2
Jamaïque	52,1	Pakistan	7,3
Venezuela	49,0	Yémen	4,2
Belize	41,7	Territoires palestiniens	4,1
Guatemala	41,4	Djibouti	3,4
îles Vierges des États-Unis	39,2	Turquie	3,3
Saint-Christophe-et-Niévès	38,2	Iran	3,0
Zambie	38,0	Syrie	3,0
Ouganda	36,3	Libye	2,9
Malawi	36,0	Afghanistan	2,4
Trinidad et Tobago	35,2	Liban	2,2
Afrique du Sud	33,8	Koweït	2,2
Lesotho	33,6	Irak	2,0
Colombie	33,4	Jordanie	1,8
Congo	30,8	Algérie	1,5
République centrafricaine	29,3	Somalie	1,5
Bahamas	28,0	Maroc	1,4
Porto Rico	26,2	Égypte	1,2
Éthiopie	25,5	Tunisie	1,1
Sainte-Lucie	25,2	Arabie saoudite	1,0
République Dominicaine	24,9	Qatar	0,9
Tanzanie	24,5	Émirats arabes unis	0,8
Soudan (Nord et Sud)	24,2	Oman	0,7
Brésil	22,7	Bahreïn	0,6

Source : Global Study on Homicide, United Nations Office on Drugs
and Crime (Trends, Contexts, Data), 2011. Ces données font référence
à 2010 ou aux statistiques accessibles le plus récentes. Elles ne tiennent
pas compte des événements du Printemps arabe.

Enfin, comment évoquer la violence au Moyen-Orient sans aborder le sujet du terrorisme. Comme on l'a déjà mentionné précédemment, la peur du Moyen-Orient et du monde arabo-musulman s'est en effet grandement cristallisée autour du traumatisme lié aux attaques terroristes qui ont frappé le sol de plusieurs pays occidentaux. On pense trop souvent à tort que le monde arabo-musulman fait bloc aveuglément derrière les groupes terroristes fondamentalistes et leurs messages haineux et anti-occidentaux[60]. Pourtant, si le terrorisme islamiste est une réalité indéniable, on surestime grandement à la fois ses véritables conséquences en terme de mortalité dans le monde, mais également le soutien, la place et le crédit qui lui sont véritablement accordés par les sociétés moyen-orientales. Un simple regard sur le spectre de réactions de la communauté arabo-musulmane dans les journaux arabes après la mort de Ben Laden, regroupées par le journal *The Economist*[61], montre une image beaucoup plus nuancée de ce soutien que l'on pense à tort indéfectible. Ces réactions suggèrent plutôt un soulagement assez partagé. Nombreux sont ceux qui considèrent, en effet, qu'Al-Qaïda a fait largement plus de mal que de bien au monde arabo-musulman

---

60. Voir à ce sujet l'idée reçue consacrée au terrorisme dans le chapitre de Pierre-Alain Clément de ce même livre.
61. *The Economist*, «Osama Bin Laden's death : What Arab papers say», 7 mai 2011.

et à son image et espèrent que la mort de Ben Laden permettra de tourner une page assez sombre de l'histoire des relations Est-Ouest. C'est par exemple l'avis d'Imad Eddin Hussein, qui écrit dans le journal égyptien indépendant al-Shorouq : « Al-Qaïda a finalement tué plus de musulmans que n'importe qui d'autre. Ils ont infligé d'indescriptibles dommages à la nation musulmane, tout en échouant en parallèle à infliger des dégâts significatifs à l'Occident[62]. »

Nizar al-Shahali explique quant à lui dans le journal syrien pro-régime al-Watan, sa vision d'Al-Qaïda : « Al-Qaïda a détourné les mots "Islam" et "musulmans" et les a mis dans le même sac que le terme "terrorisme". Après les attaques de septembre 2001, les musulmans ont été étiquetés comme "terroristes". L'administration Bush a adopté la philosophie du "si tu n'es pas avec nous, alors tu es contre nous"[63]. »

Dans le journal Saoudien *al-Hayat*, Hazem Saghieh parle de l'effet du Printemps arabe sur les groupes terroristes : « Le Printemps arabe a tué Monsieur Ben Laden pour la première fois, puis les forces spéciales de Barack Obama se sont chargées de le tuer une deuxième fois[64]. » Ali Al-Faqih relie lui aussi, dans le journal yéménite *al-Masdar*, la mort de Ben Laden à la chute des dictateurs de l'Égypte à la

---

62. *Ibid.*
63. *Ibid.*
64. *Ibid.*

Côte d'Ivoire, comme partie intégrante de ce qu'il nomme «la saison de la fin de l'enfer[65]»:

> La mort d'Oussama Ben Laden – ce leader de l'extrémisme religieux – vient s'ajouter à la chute des régimes tunisiens et égyptiens, et constitue un avant-goût de la chute de ceux de Libye et du Yémen... Tous ces évènements redonnent de l'optimisme et confortent l'espoir que cette année soit le témoin d'encore plus de victoires des forces du bien dans le monde.

On voit bien à travers ces témoignages qu'une partie de la communauté arabo-musulmane est loin de pleurer la mort du leader terroriste emblématique. L'évocation du Printemps arabe a également son importance. C'est en effet à ce moment que l'Occident a pu le mieux se rendre compte des contradictions et de l'obsolescence de son jugement sur les populations du Moyen-Orient. Les groupes terroristes étaient en effet les grands absents des manifestations ayant déboulonné les dictateurs tunisien et égyptien au printemps 2011. Leur silence ainsi que leur absence d'influence et de leadership sur les évènements ont eu de quoi surprendre l'Occident. Comme le dit Pierre-Alain Clément, spécialiste du terrorisme:

---

65. *Ibid.*

C'est bien sûr l'ensemble des djihadistes, Al-Qaïda en tête, qui avaient jusqu'ici monopolisé l'attention de l'Occident dans ses considérations sur le monde arabe [...]. Or, dans les soulèvements récents (du Printemps arabe), point de djihadisme. Pas une vidéo d'Oussama Ben Laden pour féliciter la chute des premiers « régimes impies ». Pas une bande audio d'Ayman al-Zawahiri pour sermonner des révoltés ne brandissant pas de drapeaux verts[66].

Le terrorisme apparaît également comme une tare propre du Moyen-Orient et du monde arabo-musulman. Là encore, c'est faux. Le terrorisme est un phénomène ancien et complexe qui peut prendre des formes multiples et qui s'est développé dans de nombreuses sociétés depuis des siècles, notamment en Occident. On peut notamment penser à des groupes politiques comme l'organisation indépendantiste basque ETA, le mouvement français Action directe, l'organisation colombienne FARC, les Brigades rouges italiennes, certains groupuscules d'extrême droite comme le Ku Klux Klan américain, etc. Le terrorisme n'est donc pas l'apanage des islamistes. Néanmoins, lorsqu'il revêt cette dimension confessionnelle, il ne concerne seulement qu'une minorité d'individus, sans être soutenu de manière unanime par la communauté

---

66. CLÉMENT, Pierre-Alain, « Hiver nucléaire et printemps des peuples », *Le Devoir*, 25 février 2011.

arabo-musulmane. Comme le dit le célèbre analyste américain Daniel Pipes, pourtant réputé
conservateur et anti-islam :

> Le presque un milliard de personnes du monde
> musulman ne sont pas monolithiques dans la langue,
> la pratique islamique ou la politique et ce serait une
> erreur de voir tous les musulmans comme des
> ennemis. Beaucoup de musulmans considèrent que
> l'attentat du World Trade Center à New York fut
> horrible et nous devons faire attention à ne pas
> transformer ces alliés naturels en ennemis. [...] Les
> fondamentalistes « fauteurs de troubles » constituent
> une très faible proportion de la population en général.
> [...] Qui crée des problèmes ? Contre qui devons-nous
> répondre avec force ? Bien sûr, pas contre les musul-
> mans en général. Les États-Unis doivent introduire
> toutes les initiatives politiques internationales à ces
> effets, faisant claires deux idées : en premier lieu, les
> États-Unis doivent manifester leur compréhension
> que le monde musulman n'est pas monolithique et
> que les États-Unis reconnaissent et respectent toutes
> les différences. En second lieu, les États-Unis doivent
> noter que le problème n'est pas l'islam, mais l'islam
> fondamentaliste, cette idéologie utopique radicale
> qui tourmente les musulmans et nous menace, nous,
> et c'est le problème qu'il faut aborder[67].

---

67. PIPES, Daniel, « Identifier amis et ennemis dans le complexe
monde islamique », *The Northern Centinel*, septembre 1994.

Comme l'explique Olivier Roy, il existe cependant également une certaine hypocrisie à diaboliser le fondamentalisme islamique, comme c'est le cas dans la citation précédente, alors même que certains régimes parmi les plus fondamentalistes et conservateurs au monde sur le plan de l'islam sont stratégiquement considérés comme des alliés par l'Occident :

> Sur le plan stratégique, le jeu des alliances et des conflits n'a rien à voir avec le plus ou moins grand degré de fondamentalisme : l'Arabie saoudite, le plus fondamentaliste des pays musulmans, est un allié de l'Occident. Une démarche reste alors possible pour « sauver l'islam » aux yeux d'un public occidental porté à n'y voir qu'obscurantisme, fanatisme et violence. Cette démarche est l'œuvre de musulmans modérés, comme le diplomate tunisien Habib Boularès [...] ou comme le philosophe Mohammed Arkoun. Il s'agit de montrer que les islamistes n'ont rien compris à l'islam et que les observateurs occidentaux ont tort de prendre pour argent comptant ce que les islamistes disent de l'islam[68].

(Version originale anglaise : « Identifying Friend and Enemy In the Complex Islamic World », adaptation française : Anne-Marie Delcambre de Champvert.) Disponible en ligne : http://fr.danielpipes.org/8193/identifier-amis-et-ennemis-dans-le-complexe-monde.

68. ROY, Olivier, *Généalogie de l'islamisme*, 2e éd., Paris, Hachette Littératures, coll. « Pluriel », 2001, p. 113.

Le Moyen-Orient n'est donc pas une région plus violente qu'une autre, le monde arabo-musulman n'est pas si chaotique, barbare et fondamentaliste qu'on le croit, et enfin l'islam n'est pas une religion intrinsèquement plus violente qu'une autre, c'est l'interprétation que certains groupuscules extrémistes minoritaires en font ainsi que le crédit et l'attention médiatique démesurée que nous portons à ces mêmes groupuscules qui constituent le réel problème.

Table des matières

CET OUVRAGE EST COMPOSÉ EN DANTE CORPS 12,5
ET A ÉTÉ ACHEVÉ D'IMPRIMER EN OCTOBRE 2012
SUR LES PRESSES DE L'IMPRIMERIE MARQUIS
À MONTMAGNY
POUR LE COMPTE DE GILLES HERMAN
ÉDITEUR À L'ENSEIGNE DU SEPTENTRION